Orchideen

für Anfänger

Garten ZEIT

av BUCH

Gregor Dietrich

Orchideen
für Anfänger

av BUCH

Bildnachweis

Inhalt:
Gregor Dietrich: Seite 9, 11 alle, 12, 13 o. und u., 14, 16, 17 o., 21 beide, 24, 31 u., 39, 45, 46, 50 beide, 51, 52, 53, 54 beide, 55, 56, 57, 59 alle, 61, 62 beide, 63, 64, 65 beide, 66, 67 beide, 69 beide, 70, 71 beide, 72, 73, 74, 75, 76 u.
Brigitte Millan-Ruiz: Seite 41
Jörn Pinske: Seite 10, 17 u., 18 o. und u., 19, 20 u., 25, 26, 28, 29 alle, 30, 31 o., 32, 33 beide, 34, 35, 36, 40, 42, 43, 44
Bildagentur Waldhäusl: Seite 2, 5, 8, 15, 20 o., 22, 38, 60, 76 o.
Umschlag: Brigitte Millan-Ruiz

Impressum

Deutsche Nationalbibliothek – CIP-Einheitsaufnahme
Die Deutsche Nationalbibliothek verzeichnet diese Publikation in der Deutschen Nationalbibliografie; detaillierte bibliografische Daten sind im Internet über http://dnb.ddb.de abrufbar.

Projektleitung: Brigitte Millan-Ruiz, avBUCH
Redaktion: Redaktionsbüro Wolfgang Funke, Augsburg
Umschlag und Layout: Ravenstein + Partner, Verden
Satz: Karin Prugger, Das Agenturhaus, München
Bildreproduktion: Hantsch & Jesch PrePress Services OEG, Wien
Druck und Bindung: Westermann Druck, Zwickau

Printed in Germany

ISBN: 978-3-7040-2358-2

Inhalt

Garten ZEIT
av BUCH

Noch ein Orchideenbuch – wozu?

Orchideenbücher gibt es zuhauf. Über kaum eine andere Pflanzengruppe wird derartig viel publiziert. Wozu also noch eines? Viele dicke Wälzer, deren Titel Wörter wie „groß“, „Lexikon“ oder „Enzyklopädie“ zieren, sind meist reine Artensammlungen – für Einsteiger wertlos. In der unüberschaubaren Vielzahl der Orchideenliteratur gibt es allerdings auch einige Titel, die Anfängern einen Einstieg in das Hobby erleichtern sollen. Klein, kurz und einfach heißt hier die Devise. Leider ist meiner Meinung nach in diesen Büchern vieles nicht gelungen. Selbst renommierte Autoren mit umfangreichem Wissen über Orchideen scheitern häufig an der Kürze. Ein Problem ist auch, dass allzu häufig von den Bedingungen, die eine Pflanze unter Glashausbedingungen benötigt, auf die Zimmerkultur geschlossen wird. Doch sind beispielsweise die Lichtmengen, die durch abgeschrägte Glashausfenster oder durch senkrechte Fensterscheiben fallen, nicht direkt vergleichbar.
Warum dann ein neues Buch, wenn doch die Gefahr des Scheiterns so groß ist? Nun, nach 25 Jahren Orchideenkultur, und zwar ohne Glashaus ausschließlich in Zimmer und Garten, hat man einiges weiterzugeben. Und ich glaube erkannt zu haben, wo die Problematik der anderen Bücher liegt, um so ihre Fehler vermeiden zu können. Ich möchte einen völlig neuen Weg gehen: Nicht nach Kulturtyp, nicht alphabetisch oder nach Gattungen sind die Pflanzen sortiert, sondern nach ihrer Verwandtschaft werden sie vorgestellt. Das erleichtert den Vergleich ähnlicher Pflanzen, um die richtige Gruppe mit den passenden Kulturansprüchen zu finden. Je nach Kulturansprüchen werden einige Orchideen als Gattungen oder als Gattungsgruppen, andere als Artengruppen innerhalb der Gattung vorgestellt. Um nicht zu sehr ins Detail zu gehen, beschränke ich mich dabei auf das handelsübliche Sortiment der Gartencenter- und Baumarkt-Zimmerorchideen. Wer den Weg zum spezialisierten Sortiment findet, kommt sowieso nicht um Fachliteratur herum.

In diesem Sinne wünsche ich Ihnen viel Erfolg mit einem faszinierenden Hobby!

Gregor Dietrich
Wien, August 2009

Wissenswertes zur Botanik

Was ist eine Orchidee?

Bei Orchideen handelt es sich zunächst einmal um eine Pflanzenfamilie. Damit man die Vielfalt der Lebewesen besser beschreiben und ihre Gemeinsamkeiten sowie Verwandtschaft darstellen kann, ist es sinnvoll, sie einzuteilen. Familien werden daher zu Ordnungen zusammengefasst.
In unserem Fall sind das die Spargelartigen, zu denen auch die Schwertliliengewächse, Lauchgewächse, Narzissengewächse, Hyazinthengewächse, Agavengewächse, Maiglöckchengewächse und andere Familien bekannter Zierpflanzen gehören.
Die Ordnung der Spargelartigen gehört wieder zu den Einkeimblättrigen Pflanzen, welche sich dadurch auszeichnen, dass sie bei der Samenkeimung nur ein anstatt zwei Keimblätter ausbilden. Hierher gehören neben den Spargelartigen etwa noch Lilienartige, Palmenartige, Grasartige oder Ingwerartige.

Orchideen und Korbblütler, hier die Garten-Schwarzwurzel *(Scorzonera hispanica)*, sind die artenreichsten Pflanzenfamilien.

Familienbande

Die deutschen Namen der Familien enden üblicherweise auf -gewächse. Alternativ heißen sie daher auch Orchideengewächse oder Knabenkrautgewächse. Wissenschaftlich enden Pflanzenfamilien auf *-aceae*. Wir haben es also mit den *Orchidaceae* zu tun. Mit einer geschätzten Artenzahl zwischen 18 000 und 30 000 handelt es sich um eine der beiden artenreichsten Pflanzenfamilien überhaupt. Zu finden sind Orchideen fast überall, von subarktischen Gefilden bis in die Tropen, wo sie die unterschiedlichsten Lebensräume besiedeln.

Die meisten Arten leben jedoch in den Tropen als Aufsitzerpflanzen (Epiphyten) in den Baumkronen.

Konkurrent der Orchideen um Platz eins der artenreichsten Pflanzenfamilie sind die Korbblütler, auch Korbblüten- oder Asterngewächse *(Asteraceae)* genannt, mit geschätzten 17 000 bis 25 000 Arten. Zu dieser Familie gehören viele bekannte Gewächse wie z.B. Gerbera, Chrysantheme, Margarite, Kamille, Schafgarbe, Distel, Salat, Sonnenblume und Löwenzahn. Doch Orchideen nehmen eine Sonderstellung im Reich der Pflanzen ein. Niemand verlangt im Blumengeschäft nach Korbblütlern, Orchideen werden aber trotz ihrer enormen Artenvielfalt alle unter dem Oberbegriff Orchideen zusammengefasst und erkannt. Dabei geschieht dies nicht aus Missachtung oder Oberflächlichkeit, sondern vielmehr aus Bewunderung für ihre wunderbaren Blüten. Gehen wir also der Sache einmal auf den Grund.

Die Pflanzenfamilie der Orchideen nimmt in mancherlei Hinsicht eine Sonderstellung im Pflanzenreich ein.

Die Orchideen im System der Lebewesen

Großreich:	Zellkernlebewesen	(Eukaryota)
Reich:	Archaegoniumpflanzen	(Embryophyta)
Überabteilung:	Gefäßpflanzen	(Tracheophyta)
Abteilung:	Samenpflanzen	(Spermatophyta)
Unterabteilung:	Bedecktsamer	(Magnoliophyta)
Klasse:	Einkeimblättrige	(Liliopsida)
Ordnung:	Spargelartige	(Asparagales)
Familie:	Orchideen	(Orchidaceae)

Sonderstellung und Faszination

Wie alle Pflanzenfamilien zeichnen sich auch die Orchideen durch zahlreiche gemeinsame Merkmale aus. Dazu gehört auch eine besondere Art der Fortpflanzung. Orchideen produzieren beispielsweise je Samenkapsel Tausende bis weit über eine Million Samen. Diese sind staubfein und haben kein Nährgewebe. Sie können also nicht aus eigener Kraft keimen, sondern benötigen bestimmte Pilze, die ihnen dabei helfen. Erst mit deren Hilfe können sie eine mitunter lebenslange Symbiose, die Endomykorrhiza, eingehen.

In Kultur war daher die Samenvermehrung lange Zeit sehr problematisch. Der Durchbruch gelang erst, als man Nährböden entwickelte, auf denen Orchideen im Labor vermehrt werden konnten. Aus diesem Grund waren Orchideen lange Zeit sehr exklusiv und teuer und für Normalbürger ein kaum erschwingliches Luxusgut.

Die Samenkapseln der Orchideen enthalten Tausende staubfeine Samen.

Catasetum produziert Parfüm, mit dem Prachtbienenmännchen auf Brautschau gehen.

Zungenstendel *(Serapias)* imitieren Wohnröhren für Bienenweibchen.

Blütenwunder

Der eigentliche Grund, warum sie so begehrt waren, liegt jedoch in einer anderen Besonderheit der Familie begründet.

Die Blüten der Orchideen sind nicht etwa „normale“ Blumen, die Insekten oder andere Bestäuber mit Nektar locken. Eine derartig große Zahl an Samen kann nur produziert werden, indem entsprechend viel Pollen an die Narbe gelangt. Auf herkömmlichem Weg, also durch Übertragung einzelner Pollenkörner, ist das aber nur schwerlich zu erreichen. Daher haben Orchideen Pollenpakete entwickelt, in denen die Pollenkörner nicht mehr einzeln, sondern als breiige Masse transportiert werden.

Der gesamte Pollen einer Blüte wird so auf einmal dem ersten Bestäuber mitgegeben. Besucht dieser keine zweite Blüte, ist jedoch alles verloren. Erreicht er aber eine andere Blüte, stellen ausgeklügelte Mechanismen sicher, dass die Pollenübertragung gezielt vor sich geht.

Einer dieser Mechanismen ist, dass die Geschlechtsorgane der Blüte zu einer Säule verwachsen sind, an der Orchideen üb-

Die Blüten von *Bulbophyllum* bieten mancherlei „Wohlgerüche“.

Das nektarlose Kugelknabenkraut *(Traunsteinera globosa)* imitiert Witwenblumen und Skabiosen.

Orchideen und Beispiele für ihre Bestäubungstricks

Anlockung	Bestäuber	Beispiel
Aas-, Kot- oder Uringeruch	Zweiflügler (Fliegen, Mücken)	*Bulbophyllum*
Feindgeruch (etwa Hornissengeruch)	Schwärme staatenbildender Insekten	diverse *Cymbidium*-Arten
Imitation nektarhaltiger Blumen	diverse Insekten	Kugelknabenkraut, Rotes Waldvöglein
Imitation territorialer Insektenmännchen	territoriale Insektenmännchen	diverse *Oncidieae*
Nektar	diverse Insekten und Vögel	*Angraecum*
Parfüm	Prachtbienen	*Stanhopea*, *Catasetum*, *Gongora*
Pilzimitation (Duft und Gestalt)	Pilzmücken	diverse *Encyclia*-Arten
Sexuallockstoffe (Pheromone) und Gestalt der Weibchen	diverse Hautflüglermännchen	Ragwurz, *Drakea*
Vortäuschen unterschiedlicher Arten durch unterschiedliche Färbungstypen nektarloser Blüten	Bienen	Holunder-Fingerwurz
Wohnhöhlengeruch	Solitärbienenweibchen	Zungenstendel, Griechen-Ragwurz

Die Bestäubungstricks der Orchideen sind vielfältig.

rigens sofort und sicher erkannt werden können. Um die Wahrscheinlichkeit der Pollenübertragung zu erhöhen, sind die Blüten jeweils an ganz bestimmte exklusive Bestäuber angepasst. Diese Anpassung führte aber zu den sonderbarsten Blütenformen und -farben und teilweise zu extrem langer Haltbarkeit der Einzelblüten – lauter Gründe, wieso tropische Orchideen seit ihrer Entdeckung eine derartig große Faszination auf Pflanzenliebhaber in ganz Europa ausüben, die oft genug in einer Sammelleidenschaft resultierte. So wurden im 19. Jahrhundert Expeditionen ausgerüstet und Pflanzensammler damit beauftragt, immer mehr neue Arten nach Europa zu bringen.

Die stark duftenden, langspornigen, hellen Blüten von *Angraecum eburneum* sind typische Schwärmerblumen.

×*Belleara* Eurostar

Vielfalt zum Quadrat

Da Orchideen entwicklungsgeschichtlich eine sehr junge Pflanzenfamilie darstellen, sind die Arten und Gattungen genetisch noch wenig voneinander getrennt. Dies ist auch ein Grund für die Spezialisierung auf bestimmte Bestäuber. Sie schützt in der Natur recht gut vor Verkreuzung (Hybridisierung), was eine Abgrenzung durch genetische Kreuzungsbarrieren weitgehend unnötig macht. Bald fanden Gärtner heraus, dass man mit Orchideen die wildesten künstlichen Kreuzungen erfolgreich durchführen kann. Dementsprechend haben wir es heute mit sehr komplexen Kreuzungen (Hybriden) zu tun, an denen oft weit mehr als zehn unterschiedliche Arten aus bis zu fünf Gattungen beteiligt sind.

Der Vorteil der Hybriden liegt darin, dass sie Eigenschaften mehrerer Arten mit unterschiedlichen Pflegeansprüchen und Blütezeiten in sich vereinen. Sie sind daher in punkto Pflegeansprüchen meist flexibel und können mehrmals im Jahr blühen. Nachteilig ist, dass den Hybriden nicht immer anzusehen ist, welche Arten an ihrer Entstehung beteiligt waren und welche Pflegebedingungen deswegen infrage kommen.

Gattungshybriden aus dem Standardsortiment

Hybridgattungsname	Elterngattungen
×*Ascocenda*	*Ascocentrum* × *Vanda*
×*Beallara*	*Brassia* × *Cochlioda* × *Miltonia* × *Odontoglossum*
×*Brassocattleya* (BC)	*Brassia* × *Cattelya*
×*Brassolaeliocattleya* (BLC)	*Brassia* × *Laelia* × *Cattelya*
×*Burrageara*	*Cochlioda* × *Miltonia* × *Odontoglossum* × *Oncidium*
×*Doritaenopsis*	*Doritis* × *Phalaenopsis*
×*Kunthara*	*Cochlioda* × *Miltoniopsis* × *Odontoglossum* × *Oncidium*
×*Laeliocattleya* (LC)	*Cattleya* × *Laelia*
×*Miltonidium*	*Miltonia* × *Oncidium*
×*Odontocidium*	*Odontoglossum* × *Oncidium*
×*Odontonia*	*Miltonia* × *Odontoglossum*
×*Potinara* (‚Minicattleya')	*Brassavola* × *Cattleya* × *Laelia* × *Sophronitis*
×*Sophrocattleya* (SC)	*Cattleya* × *Sophronitis*
×*Sophrolaeliocattleya* (SLC)	*Cattleya* × *Laelia* × *Sophronitis*
×*Vascostylis*	*Ascocentrum* × *Rhynchostylis* × *Vanda*
×*Vuylstekeara*	*Cochlioda* × *Miltonia* × *Odontoglossum*
×*Wilsonara*	*Cochlioda* × *Odontoglossum* × *Oncidium*

Anmerkung: Viele der in der Tabelle genannten Elterngattungen sind im historischen Sinn zu verstehen und heute in mehrere Gattungen aufgespalten oder auch eingezogen. Somit können nach heutigem Verständnis viel mehr, aber auch weniger Gattungen beteiligt sein.

×*Vascostylis* Thai Sky

Unterfamilien und Tribus

Orchideen teilt man in fünf Unterfamilien ein, von denen vier in Kultur gehalten werden. Bei diesen handelt sich um Frauenschuhähnliche, Vanilleähnliche, Knabenkrautähnliche und Aufsitzerähnliche. Diese Unterfamilien unterteilt man wiederum in verschiedene Tribus. Grob gesprochen ist eine Tribus eine Gruppe von näher verwandten Orchideengattungen, zwischen denen Kreuzungen zum Erfolg führen können, aber nicht müssen. Zwischen zwei Tribus gelingen Kreuzungen üblicherweise nicht, doch auf der nächsten untergeordneten Ebene, der Subtribus, ist die Hybridzucht meist kein Problem.

Da nähere Verwandtschaft auch größere Ähnlichkeit bedeutet und die Orchideen im Handel oft nicht korrekt beschriftet sind, orientiert sich dieses Buch an der wissenschaftlichen Einteilung. Somit sind namenlose Pflanzen rascher zuzuordnen und die Pflegebedingungen leichter zu ermitteln. Außerdem soll ein Bestimmungsschlüssel (siehe Seite 48) das Identifizieren der Pflanzen erleichtern. Zu dessen sicherer Verwendung sind aber noch weitere botanische Informationen vonnöten.

x*Beallara* Tahoma Glacier 'Green' ist eine moderne Sorte eines modernen Grexes einer Gattungshybride.

Die Namen der Orchideen

Wie alle Pflanzen, besitzen auch Orchideen wissenschaftliche Namen, die weltweit einheitlich verwendet werden. Eine bekannte, für die Orchideenzucht bedeutende Art heißt mit wissenschaftlichem Artnamen *Paphiopedilum villosum*. Dabei ist *Paphiopedilum* der Gattungsname und *villosum* das Artepitheton oder der Artbeiname.

Da botanische Laien – darunter viele Berufsgärtner und Gartenbuchautoren – den Artbeinamen allzu häufig für den Artnamen halten, meine ich, dass eine derart ähnlich klingende Bezeichnung schlecht gewählt ist. Ich spreche daher statt vom Artbeinamen von der Artbeifügung. Artbeifügungen werden immer klein geschrieben.

Sowohl Artbeifügung als auch Gattungsnamen schreibt man üblicherweise kursiv. Die Kursivschreibung ist jedoch nirgends reglementiert, also nicht bindend. Oft findet man hinter dem Artnamen auch noch den so genannten Autorennamen, der entweder ausgeschrieben oder abgekürzt sein kann. Bei *Paphiopedilum villosum* wären dies sogar zwei Namen: *Paphiopedilum villosum* (Lindl.) Pfitzer. Lindl. steht für den Erstautor John Lindley.

Als „Klammerautor" ist er der Erstbeschreiber, hat die Art aber einer anderen Gattung (in diesem Fall dem Frauenschuh, *Cypripedium*) zugeordnet. Korrigiert wurde die Gattungszuordnung von Ernst Hugo Heinrich Pfitzer. Die Autorennamen geben uns also keinerlei nützliche Auskunft über die Pflanze und werden daher üblicherweise weggelassen. Sie sind nur für nomenklatorisch arbeitende Wissenschaftler von Interesse.

Naturhybriden

Pflanzenkreuzungen (Hybriden) werden mit einem Multiplikationszeichen (Hybridkreuz) zwischen den Ausgangsarten kombiniert, etwa *Paphiopedilum bellatulum* × *P. concolor.* Die Pflanze erhielt einen eigenen Namen, dessen Hybridnatur aber durch ein Hybridkreuz zu kennzeichnen ist: *Paphiopedilum* ×*Conco-bellatulum.* Da Hybridzeichen im Computer Sonderzeichen sind, erlaubt die Nomenklaturkommission ausnahmsweise die Verwendung des Kleinbuchstaben x in Druckwerken. Dabei muss aber, um eine Verwechslung mit einer auf x beginnenden Artbeifügung zu vermeiden, ein Abstand zwischen falschem Hybridkreuz und Hybridbeinamen eingefügt werden, der bei ordnungsgemäßer Verwendung des Hybridkreuzes nicht erlaubt ist: *Paphiopedilum* x *conco-bellatulum.*

Pleione formosana

Sorten

Manche Orchideenarten sind sehr variabel in ihrem Erscheinungsbild. Daher erhalten besonders schöne Individuen eigene Namen. Man spricht hierbei von Sorten bzw. den Sortennamen. Da aus Samen gezogene Pflanzen in ihren Eigenschaften stark variieren, wird der Sortenname nur an Pflanzen weitergegeben, die vegetativ, beispielsweise durch Ableger oder Gewebekultur vermehrt wurden. Diese Pflanzen sind genetisch mit der Mutterpflanze völlig identisch. Man spricht in diesem Fall von einem Klon. Die Sorten der Orchideen sind also Klonsorten. Sortennamen werden immer in einfachen Anführungszeichen oben geschrieben. Von der variablen Art *Pleione formosana* etwa gibt es viele als Sorten benannte Klone, wie *Pleione formosana* 'Iris' oder *Pleione formosana* 'Oriental Grace'. Natürlich gibt es nicht nur Sorten von Arten, sondern auch von Hybriden (Kreuzungen). Sorten können von jedermann benannt werden - sie werden nicht registriert, sofern sie nicht patentiert sind oder dem Sortenschutz unterliegen. Es ist dennoch unzulässig Sortennamen zu ändern oder etwa in eine andere Sprache zu übersetzen.

Grexnamen

Gäbe man jeder Sorte nur einen Sortennamen, so wäre die Lage wohl bald sehr unübersichtlich. Da aber die Orchideenliebhaber seit dem 19. Jahrhundert über alle Kreuzungen Buch führen, können die Stammbäume leicht rekonstruiert werden. Damit man in der Vielfalt überhaupt einen Überblick behalten kann, erhalten Kreuzungen gleicher Eltern einen sogenannten Grexnamen. Das Grex ist also eine Gruppe von Nachkommen gleichartiger Eltern. Jede neue Kreuzung wird zudem in einem internationalen Register eingetragen. Die Namensgebung obliegt demjenigen, der die Hybride registrieren lässt. Danach heißen alle Hybriden einer wiederholten Kreuzung ebenfalls so.

Wird die Kreuzung *Paphiopedilum spicerianum* ×*P. villosum* künstlich durchgeführt, so heißt sie beispielsweise immer *Paphiopedilum* Lathamianum. Grexnamen werden immer groß und niemals kursiv geschrieben. Sie gleichen darin den Sortennamen, doch werden sie nicht in Sortenstriche gesetzt. Natürlich variieren auch Grexe - umso mehr, wenn ihre Eltern nicht Arten, sondern selbst Grexe waren. Daher werden auch aus Grexen Sorten ausgelesen.

Trotz gut abgestimmter Bestäubungsmechanismen passieren Kreuzungen auch in der Natur. Sie sind der Motor von Evolution wie Züchtungsarbeit.

Es ist ein verbreiteter Irrglaube, dass Namen irgendetwas mit der Pflanze, die sie bezeichnen, zu tun haben müssen.

Durch schlampigen Sprachgebrauch leicht verwechselbar sind Nachtfalterorchidee *(Phalaenopsis)* und Schmetterlingsorchidee *(Psychopsis)*.

Deutsche Namen

Die deutschen Namen unterliegen keinen so strengen Regeln, wie die der wissenschaftlichen Nomenklatur. Dennoch versucht man Regeln zu etablieren, da immer häufiger beliebige deutsche Namen verwendet werden. Dies führt aber dazu, dass niemand mehr weiß, worüber eigentlich gesprochen wird. Logischerweise sind Flur- und Volksnamen lokal bzw. regional unterschiedlich. Um sich landesweit zu verständigen, gibt es aber seit etwa 150 Jahren Büchernamen, die national und zunehmend im ganzen deutschen Sprachraum einheitlich sein sollten. Dies widerspricht allerdings oft gärtnerischen Bedürfnissen, einerseits „knallige“, verkaufsfördernde oder andererseits einfache Namen zu haben. Oft sind auch „internationale“ Namen in Gebrauch, die sich aus der falschen Übersetzung der Originalbezeichnungen des Herkunftslandes ableiten. In den Neunzigerjahren wurden daher Regeln ausgearbeitet, die eigentlich schon davor zum Teil Gültigkeit hatten, in den letzten Jahrzehnten aber vor allem im Handel nach wie vor ignoriert wurden. Die Grundidee war damals, dass jede Gattung einen eigenen und eindeutigen deutschen Namen erhalten soll. Die Zimmerorchidee *Paphiopedilum* etwa heißt seit eh und je Venusschuh, wird aber im Handel unter Frauenschuh geführt. Der eigentliche Frauenschuh *(Cypripedium)* ist aber eine winterharte Gartenorchidee, die mit ersterer nichts gemeinsam hat. Spätestens seit auch diese Gattung regelmäßig im Handel auftaucht, gibt es zuhauf falsche Pflegehinweise auf Anfragen.

Psychopsis papilio ist eine Schmetterlingsorchidee, aber keine Falterorchidee.

Das Einblatt *(Malaxis monophyllos)* ist eine heimische Orchidee, die nicht gehandelt wird. Dennoch findet man Einblätter im Handel - nämlich die aus dem Holländischen falsch übersetzte Blattfahne *(Spathiphyllum)* - ein Aronstabgewächs. Vergleichsweise harmlos ist die Degradierung der Malaienblume oder Nachtfalterorchidee *(Phalaenopsis)* zur Falterorchidee. Dabei ist es noch ein Glück, wenn sie nicht zur Schmetterlingsorchidee *(Psychopsis)* mutiert, die ganz andere Ansprüche an die Pflege stellt. Deutsche Namen sind also unter Umständen noch viel verwirrender als wissenschaftliche.

Prinzipiell setzt sich auch der deutsche Artname aus Artbeifügung und Gattungsnamen zusammen, aber in umgekehrter Reihenfolge. Die Gattung Frauenschuh *(Cypripedium)* etwa besteht aus vielen Arten. Unser heimisches *C. calceolus* kann daher im Deutschen nicht einfach nur Frauenschuh genannt werden. Es ist der Gewöhnliche Frauenschuh, oder besser der Gewöhnlich-Frauenschuh. In Europa handelt es sich bei dem gewöhnlichen Frauenschuh zwar tatsächlich um den Gewöhnlichen Frauenschuh, in Asien ist dagegen vielerorts der Großblüten-Frauenschuh die gewöhnliche Art und damit ein gewöhnlicher Frauenschuh, der Gewöhnliche Frauenschuh hingegen ungewöhnlich. Mit einem durch die neue deutsche Rechtschreibung ermöglichten Bindestrichnamen statt eines adjektivierten Namens kann Missverständnissen vorgebeugt werden. Denn Namen sind Schall und Rauch - durch Bindestrichnamen entsteht wenigstens nicht der Eindruck, die Artbeifügung müsse einen realen Bezug zu den Eigenschaften der Pflanze haben.

Aufbau einer Orchidee

In „pflanzenbeschreibender (phytographischer) Reihenfolge", von der Wurzel zur Frucht, sollen auf den folgenden Seiten die allgemeinen Merkmale der Orchideen beschrieben werden.

Orchideenwurzeln sind an der dicken weißen Wurzelrinde erkennbar.

Orchideenwurzeln als Überlebenskünstler

Die Wurzeln der Orchideen sind durch eine stark verdickte, schwammartige Wurzelrinde gekennzeichnet. Hier leben die symbiotischen, für das Gedeihen der Orchideen in der Natur so wichtigen Pilze. Aufsitzerpflanzen (Epiphyten) ermöglicht sie, in kurzer Zeit Regenwasser aufzunehmen und eine Zeit lang zu speichern, bevor es von der Pflanze aufgenommen wird. Da die Wasseraufnahme durch die Wurzel nicht so rasch erfolgen kann wie durch ein schwammiges Gewebe, reichen meist kurze Regenfälle aus, um genügend Feuchtigkeit zu liefern. Dafür ist aber das Schwammgewebe empfindlich gegen Dauernässe. Es muss immer wieder leicht antrocknen können.

WICHTIG ZU WISSEN

Erdbewohnende Arten bilden meist Wurzelhaare aus. Diese unterscheiden sie von Aufsitzerpflanzen (Epiphyten). Auch bilden Erdbewohner niemals Luftwurzeln.

Was heißt das für die Pflegepraxis?

Je dicker eine Wurzel und damit ihr Schwammgewebe ist, desto stärker muss sie bis zum nächsten Gießen abtrocknen können. *Phalaenopsis*, *Cattleya* und *Vanda* etwa sollen immer erst austrocknen, bevor

Zu viel gegossene Orchideen bilden Luftwurzeln und vertrocknen, weil die Wurzeln im Substrat absterben.

erneut gegossen wird. In Substrat kultivierte Orchideen werden aus diesem Grund in der Regel selten, dafür aber durchdringend gegossen.

Dünnwurzelige Arten, etwa die Verwandtschaft um *Odontoglossum* und *Oncidium* („Cambria" der Händler), dürfen dagegen nie völlig austrocknen. Hier wird zweimal wöchentlich gewässert. Auch erdbewohnende Arten dürfen niemals austrocknen. Sie werden wie alle anderen Zimmerpflanzen etwa alle zwei Tage gegossen - zumindest im Sommer. Dazu zählen *Cymbidium* und *Paphiopedilum*.

Oft werden Orchideen auch nicht im Topf, sondern aufgebunden z.B. auf Rinde kultiviert. Diese Kulturmethode eignet sich kaum für Zimmerkultur. Zum einen ist der Arbeitsaufwand hoch - es muss täglich gegossen werden - zum anderen wird man durch Tropfnässe bald das Fensterbrett zerstören. Aufgebundene Kultur ist gut - aber fürs Glashaus. Im Zimmer ist sie reine Selbstquälerei, wenn man auf diese Weise Arten und Hybriden kultiviert, die auch in Substrat wachsen können.

HÄUFIGE FEHLER

Leider werden viele Orchideen zu Tode gegossen. Die besten Erfolge mit Orchideen erzielen oft Menschen, die sich zuvor erfolgreich mit Kakteen beschäftigt haben.

Sprossachse und Knolle

Die Sprossachse der Orchideen ist häufig deutlich sichtbar verdickt. Manchmal handelt es sich dabei um typische oberirdische Knollen wie bei *Oncidium* oder *Cymbidium*, bisweilen auch nur um „dicke Stängel" wie bei *Dendrobium* oder *Cattleya*. Botanisch gesehen handelt es sich um „Dauersprossknollen". Orchideenfreunde nennen sie auch „Pseudobulben" (= „falsche Zwiebeln"). Diese dienen als Wasser- und Nährstoffspeicher.

Vor allem epiphytische Orchideen leben in einem Lebensraum mit sehr unregelmäßiger Wasser- und Nährstoffversorgung. Selbst in Gebieten mit täglichem Niederschlag sind die Pflanzen oft zwanzig Stunden am Tag der Trockenheit ausgesetzt, da sie nicht in Erde wurzeln. Um im Geäst der Bäume überhaupt an Nährstoffe zu gelangen, haben diese Pflanzen im Laufe der Evolution eigene Strategien entwickelt und sammeln als „litter trapper" (Müllfallen) Abfälle ein - sie legen sozusagen ihren eigenen Komposthaufen an. Dennoch führen Stürme und heftige Niederschläge mitunter zum völligen Verlust der Nährstoffzufuhr. Aus diesem Grund sind diese nährstoffspeichernden Knollen überlebenswichtig.

Typische Orchideen-Sprossknolle. Zeigen sich wie hier neue Triebspitzen an der Knollenbasis, ist die beste Zeit fürs Umsetzen.

Sprossverkettung

Bei der Sprossverkettung unterscheidet man zwei Typen. *Phalaenopsis* und *Vanda* wachsen beispielsweise unbegrenzt weiter, wobei die Pflanzenteile an der Basis langsam absterben. Hin und wieder erscheint ein Ableger, der dann mit einem scharfen Messer abgetrennt und anschließend in einen anderen Topf eingepflanzt werden kann. Diese „monopodialen" Orchideen sind aber die große Ausnahme.
Üblicherweise wachsen Orchideen „sympodial". Das heißt, dass das Wachstum der Sprosse („Triebe") begrenzt ist. Oft endet es in einem Blütentrieb, wie bei *Cattleya* oder *Epidendrum*. Ein Spross kann dabei viele Blätter haben, so bei *Epidendrum* oder *Cymbidium*, oder, wie es am häufigsten der Fall ist, eine begrenzte Zahl, mitunter gar nur eines. Dies ist etwa bei manchen Cattleyen und deren Verwandten der Fall. Ist das Sprosswachstum beendet, erscheint nach einiger Zeit an der Basis ein Seitentrieb, der das Wachstum fortsetzt. Bei anderen Pflanzen würde man einen derartigen Trieb als Ableger bezeichnen. Im Fall der Orchideen wäre aber ein Abtrennen und getrenntes Einpflanzen dieses Triebs ein fataler Fehler. Die alten Sprosse sterben nämlich aus gutem Grund erst nach Jahren ab, weil sie die Neutriebe ernähren müssen. Mindestens drei alte Sprosse sind in der Regel nötig, um einen Neutrieb so zu ernähren, dass er wieder blühen kann.

Die Knollen der Orchideen stehen wie an einer Schnur aufgefädelt in Reihen. Mindesten drei müssen beieinander bleiben.

Gut zu wissen

Orchideen lassen sich durch Teilung vermehren. Man sucht dazu bei kräftigen Pflanzen die Stellen, an denen sich Neutriebe durch Knospen kenntlich machen. von dieser Stelle zählt man die alten Pseudobulben zurück.
Mindestens drei reife Pseudobulben bzw. Triebe soll ein Orchideenteilstück haben, Cattleyen besser sogar fünf, wenn man die Pflanze teilt. Ansonsten bleibt die Blüte für einige Jahre aus. Wenn sich Pflanzen verzweigen, sollte man entsprechend lange mit der Teilung warten, um zwei blühfähige Pflanzen zu erhalten. Verzweigt sich eine Pflanze nicht von selbst, so kann man die hinteren Pseudobulben von den ersten dreien abtrennen.
Diese „Rückbulben" treiben dann erneut aus. Auch für Rückbulben gelten die angeführten Mindestzahlen. Sie blühen aber trotzdem meist erst im zweiten Jahr.
Bei der Teilung des Venusschuhs *(Paphiopedilum)* sollten zwei, mindestens aber eine alte Rosette verbleiben, auch wenn die Jungpflanzen vieler Arten vor der ersten Verzweigung, also mit nur einer Rosette blühen.

Nicht alle Fachausdrücke lassen sich übersetzen: sympodiale und monopodiale Orchideen werden auch in Deutsch von den Liebhabern ausschließlich so bezeichnet.

Blätter

Wie die Pseudobulben, so dienen auch die Blätter vieler epiphytischer Orchideen der Speicherung von Wasser und Nährstoffen. Beispiele hierfür sind die dicken Blätter von *Cattleya, Phalaenopsis* oder *Vanda*. Dünne Blätter beispielsweise von *Odontoglossum* und *Cymbidium* übernehmen dagegen keine Speicherfunktion. Bei Aufsitzern und vielen tropischen bis subtropischen Erdorchideen sind sie dennoch recht hart und ledrig. Schließlich sollen sie ja mehrere Jahre halten, um die Pflanze zu ernähren.
Orchideen aus Regionen mit im Jahreslauf stark schwankenden Wetterdaten haben

×*Ascocenda* gehört zu den monopodialen Orchideen mit nur einem Trieb.

An den Blättern einer Pflanze kann man ihre gewünschten Pflegebedingungen erkennen.

hingegen kurzlebige Blätter. Oft sind diese längs gefaltet und somit deutlich gerillt. Beispiele hierfür sind der Frauenschuh *(Cypripedium)*, Schönorchis *(Calanthe)* oder *Phaius*. Tropische Orchideen aus Regionen, in denen das Klima stark mit der Tageszeit schwankt, über das Jahr gesehen aber konstant ist, zeigen hingegen meist ledrige bis harte Blätter.

Tropische Orchideen

Nur einige wenige Orchideen besitzen bunte Blätter. Ein Beispiel hierfür sind die Juwelenorchideen, zu denen die Gattung *Ludisia* gehört. Rote Blattfärbungen können prinzipiell zwei Funktionen haben: Sie schützen vor UV-Licht oder dienen der Restlichtverstärkung. Orchideen schattiger Lebensräume haben dagegen oft rote Blattunterseiten - wie etwa *Phalaenopsis*. Arten sehr lichtarmer Standorte besitzen mitunter ganz dunkle Blätter, oft verbunden mit einer samtigen Blattoberfläche, wie eben die „Juwelen". Manche Juwelenorchideen haben in den Blättern zusätzlich luftgefüllte Linsen zur Restlichtverstärkung, die für einen Glanzeffekt sorgen.

Blattflecken

Eine einfachere Möglichkeit, Licht effektiver zu nutzen sind helle Blattfleckungen. Solche findet man bei manchen Venusschuhen *(Paphiopedilum)* und wenigen *Phalaenopsis*-Arten. Allerdings kann eine helle Fleckung auch dem Sonnenschutz dienen, wie dies ebenfalls bei manchen Venusschuhen der Fall ist. Bei dieser Gattung kennzeichnet eine feine, weißlichgrüne Marmorierung auf dunkelgrünem Grund Arten sonniger Standorte, eine großfleckige, gelbgrüne Zeichnung dagegen Pflanzen schattiger Standorte. „Sonnige" Venusschuhe steiniger Standorte haben oft auch rote Blattunterseiten als Schutz gegen das durch die hellen Böden reflektierte UV-Licht. Die Chlorophyllzellen sitzen nämlich immer an der Blattunterseite, und das lebenswichtige Chlorophyll wird durch UV-Licht zerstört.

Blütenstand und Verzweigungstyp

Wenn Sie eine Topforchidee kaufen, so haben Sie oft die Wahl zwischen Pflanzen mit einer oder zwei Blütenrispen. Zumindest laut Händler. Ich habe allerdings noch nie eine Orchidee mit nur einer Rispe gesehen. Botaniker unterscheiden zwischen monopodialen Blütenständen, das sind solche,

Die Juwelenorchidee *Macodes* zeigt ein Netz aus glänzenden luftgefüllten Sammellinsen.

die eine an der Spitze weiterwachsende einheitliche Blütenstandachse besitzen, und sympodialen Blütenstandachse. Letztere bilden durch Verzweigung aufeinanderfolgende Sprossglieder mit begrenztem Spitzenwachstum. Außerdem gibt es Blütenstände, die beide Verzweigungstypen zeigen. Zu letzteren gehört die Rispe, die in der Regel eine reiche Verzweigung aufweist. Orchideenblütenstände sind aber immer und ausschließlich monopodial, und daher niemals Rispen. Es handelt sich botanisch betrachtet in Wirklichkeit meist um Trauben, die unverzweigt sind, oder manchmal wenige Seitentrauben tragen. Bei vielen Arten fehlt allerdings ein Blütenstiel, und die Blüten sitzen dann direkt am Stängel. Dann wird die Traube zur Ähre, das ist ein unverzweigter Blütenstand mit ungestielten Blüten längs der gestreckten Hauptachse. Auch Einzelblüten kommen vor.

a) paarige innere Blumenblätter (Tepalen) c) Lippe
b) drei äußere Blumenblätter d) Säule

Wunderwerk Orchideenblüte

Orchideenblüten sind in ihrer Form einzigartig. Sie bestehen aus einem unterständigen, sich unterhalb des Restes der Blüte befindenden Fruchtknoten, der meist unmerklich in den Blütenstiel übergeht. Darüber sitzen zweimal drei Blumenblätter. Der äußere und der innere Blumenblattkreis sieht bei Orchideen oft unterschiedlich aus, doch sind die Blüten nicht in Kelch und Krone gegliedert. Botanisch korrekt handelt es sich also um Blumenblätter (Tepalen). Orchideenliebhaber sprechen die äußeren Blumenblätter aber fälschlich als Kelchblätter (Sepalen) und die inneren als Kronblätter (Petalen) an. An diesen Missbrauch botanischer Fachbegriffe muss man sich jedoch gewöhnen, wenn man Orchideenvereine besucht oder Fachliteratur liest.

Oncidium Twinkle bildet Doppeltrauben.

Das obere innere Blumenblatt ist immer anders gestaltet als alle anderen. Botaniker wie Liebhaber bezeichnen es als Lippe. In der geöffneten Orchideenblüte zeigt die Lippe meist nach unten. Grund dafür ist, dass der Fruchtknoten um 180° gedreht ist, was man an den Furchen des Fruchtknotens gut erkennen kann.

Einige Orchideen, etwa alle Schuhorchideen, haben dagegen keine verdrehten Blüten. Hier gelangt die Lippe nach unten, indem die ganze Blüte – samt Fruchtknoten und Blütenstiel – nach hinten kippt. Nur wenige Orchideen tragen ihre Blüten „richtig herum“, also mit der Lippe nach oben. Ein Beispiel ist das heimische Kohlröserl *(Gymnadenia* subg. *Nigritella)*.

Orchideen gesund halten

Augen auf beim Orchideenkauf

Das Thema „Pflanzengesundheit" wird in Orchideenbüchern in der Regel nicht gleich zu Beginn abgehandelt. Doch sollte man es unbedingt zu allererst beachten, denn schon beim Kauf einer Pflanze entscheidet sich, wie einfach oder problematisch sich deren weitere Pflege gestaltet. Aus diesem Grund möchte ich dieses Kapitel voranstellen - ausdrücklich nicht, um abzuschrecken, sondern um schon zu Beginn darauf aufmerksam zu machen, dass die richtige Auswahl der Pflanze Misserfolge ersparen kann. Leider sind die Orchideen beim Kauf nicht immer in bester Verfassung. Es wäre aber völlig falsch zu behaupten, dass Preis und Pflanzengesundheit miteinander korrelieren. Es gibt teure Pflanzen, die Todeskandidaten sind, und mit ein wenig Aufmerksamkeit können aus billig verramschten Pflanzen diejenigen ausgelesen werden, die problemlos viele Jahre Freude bereiten.

Warnung vor Internetkäufen

Liebhaber bestellen Orchideen auch bei bekannten, seriösen Händlern via Internet. Bei von den Vereinen empfohlenen Firmen kann man meist auch bedenkenlos kaufen.
Problematisch sind allerdings private Käufe via Internetinserat oder auf Auktionen. Oftmals entpuppt sich eine „schöne, bald blühende Pflanze“ einer „Paradies-Orchidee“ als einzelne Rückbulbe. Bis zur Blühfähigkeit derselben vergeht sicher ein halbes Jahrzehnt bis man überhaupt merkt, ob es sich wenigstens um die richtige Sorte handelt. Bei Internetkäufen sollte man sich daher immer ein Bild der entsprechenden Pflanze im derzeitigen Zustand zuschicken lassen, aber auch das ist keine Garantie und schützt nicht vor Betrug. Prinzipiell gilt auch hier: Kein Kauf bei weniger als drei reifen Bulben!

Beim Einkauf entscheidet sich, ob eine Pflanze zum Problemkind wird.

HÄUFIGE FEHLER

Wir machen meist den Fehler, Orchideen nach dem Aussehen der Blüten zu kaufen. Dabei sollte unser erster Blick den Wurzeln und Sprossen gelten. Wenn die Pflanze schwach oder krank ist, werden wir uns nicht lange an der Blütenpracht erfreuen. Kräftige, gesunde Pflanzen werden hingegen bald wieder blühen, auch wenn der derzeitige Blütenstand nicht allzu kräftig ist oder die Blüten schon zu welken beginnen.

Wurzelschäden und Nässe

Vor dem Kauf ist es zunächst wichtig, den Zustand der Wurzeln zu kontrollieren. Entscheidend ist, ob die Pflanze verwurzelt ist oder nur ins Substrat gesteckt wurde. Leichtes Ziehen an der Pflanze gibt hier Aufschluss. Sofern Wurzeln sichtbar sind, muss man überprüfen, ob sie noch lebendig sind oder ein Teil eventuell schon abgestorben und schwammig ist.

Selbst Baumärkte bieten heute ein umfangreiches Orchideensortiment.

IMMER MIT DER RUHE

Bisweilen findet man im Handel Pflanzen mit zu wenigen oder fehlenden alten Trieben. Diese werden der Optik halber einfach weggeschnitten *(Dendrobium)*, oder man hat alte Pflanzen nach dem Reifen der Knollen geteilt *(Cymbidium)*. Bei diesen Pflanzen darf man im nächsten Jahr nicht mit Blüten rechnen, sondern in der Regel erst nach drei Jahren.
Es gibt allerdings Ausnahmen: Die Schönorchis *(Calanthe)* hat meist nur eine Knolle. Beim Venusschuh *(Paphiopedilum)* und manchen Oncidium-Verwandten (etwa *Miltoniopsis*) beginnt bei einigen Arten die Verzweigung erst nach der ersten Blüte eines Sämlings.

Hier sind nur mehr die Luftwurzeln lebendig und durch Nässe grün, die anderen Wurzeln sind verfault.

Die Pflanzen dürfen beim Händler auch nicht nass stehen, da bereits wenige Tage Nässe zum Absterben der Wurzeln führen können. Da es nicht möglich ist zu kontrollieren, wie lange die Pflanzen beim Händler im Wasser gestanden sind, lässt man von nassen Exemplaren lieber die Finger, auch wenn die Wurzeln zunächst noch gut aussehen.
Die Blattkontrolle kann ebenfalls nicht sichtbare Wurzelschäden oder Gießfehler anzeigen. Schlaffe Blätter oder schrumpelige Stellen und Einsenkungen weisen auf Wurzelschäden – meist durch Nässe oder Trockenheit – hin. Einzelne schlecht entwickelte, z.B. ziehharmonikaförmig zerknitterte Blätter sind ein Hinweis auf falsches Gießen oder Fehler im Temperaturverlauf.

Infektionskrankheiten

Schwarze, seltener braune bis gelbe, das ganze Gewebe betreffende Flecken auf Blättern oder Blüten sind ein Zeichen für Pilzinfektionen, die kaum zu bekämpfen sind. Stellen, die gegen das Licht durchscheinend wirken, deuten auf einen Virenbefall hin. Virosen sind ebenfalls nicht zu behandeln, also bleibend.
Mitunter werden Blüten auch von einem Schimmelrasen befallen, der mit kleinen, grauen Punkten beginnt. Dieser zerstört dann die betroffene Blüte und kann auch andere Blüten infizieren, ist aber nicht bleibend. Der nächste Blütenstand wird bestimmt nicht befallen. Meist sind die grauen Schimmelpunkte ein Hinweis auf zu feuchte oder kalte Transportbedingungen.

Andere Schäden

Manche Orchideen bilden am Blütengrund Nektartropfen, und zwar oberhalb und unterhalb des Fruchtknotens. Das ist normal. Sind jedoch die Blütenstängel selbst klebrig oder gar andere Teile der Pflanze, so ist sie geschädigt. Die Ursachen sind dabei unterschiedlicher Art. Meist handelt es sich um Ausscheidungen von Schädlingen, manchmal auch um Ausscheidungen der wodurch auch immer geschädigten Pflanze.
Vor allem bei Dendrobien kommt es häufiger vor, dass alte, nicht blühende Pseudobulben weggeschnitten werden, damit die Pflanze schöner aussieht. Bei Cymbidien werden ausrangierte Pflanzen aus der Schnittblumenproduktion geteilt und die Pseudobulben einzeln getopft, wobei jede noch einen Blütentrieb bildet. Was im Moment noch gesund aussieht, ist aber zu schwach, um in der nächsten Saison blühfähige Triebe zu produzieren. Erst nach zwei bis drei Jahren können diese Pflanzen wieder Blüten ansetzen. Drei Pseudobulben sollten aber mindestens vorhanden sein, damit sich wieder ein blühfähiger Trieb entwickeln kann. Auch der Verkaufsraum selbst kann Ursache von Schäden sein: Zugluft, Kälte,

Einkaufstipps

Wurzeln

- Sind die Pflanzen fest verwurzelt (+) oder lassen sie sich leicht vom Substrat abheben (-)?
- Sind die Wurzeln fest, weißlich mit grünen Spitzen oder wenn feucht grün bzw. (Frauenschuhähnliche, *Cymbidium*) braun mit hellen Spitzen (+) oder braun bis schwarz, schwammig und bereits zerfallend (-)?
- Können sie abtrocknen (+) oder ist das Substrat nass bzw. stehen gar die Töpfe/Wurzeln im Wasser (-)?

Blätter

Sind die Blätter fest und glatt (+) oder sind sie schlaff? Gibt es schrumpelige Stellen und Einsenkungen bzw. sind einzelne Blätter schlecht entwickelt, z.B. ziehharmonikaförmig zerknittert (-)? Sind die Blätter grün und gleichmäßig gefärbt und Blattflecken nur im Ausmaß eines natürlichen Zeichnungsmusters vorhanden (+) oder gibt es schwarze Flecken (Pilzinfektionen) oder Stellen, die gegen das Licht durchscheinend wirken (Viren) (-)?

Blüten

Sind die Blüten gleichmäßig gefärbt (+), oder gibt es punktförmig graue Beläge oder gegen das Licht durchscheinende Flecken (-)?

Ganze Pflanze

Hat die Pflanze höchstens im Bereich der Blüten bis hin zum Ansatz des Blütenstiels klebrige Nektartropfen (+) oder sind Teile der Pflanze klebrig, ohne sichtbare runde Nektartropfen (-)?
Hat die Pflanze mindestens drei alte Pseudobulben (+) oder weniger (-)?
Achten Sie auf (alle) spinnwebartig überzogenen Pflanzenteile, weißwollige Gebilde in Blattachseln, braune Erhöhungen an den Blattunterseiten und an den Blattmittelrippen der Oberseiten, sowie Blattläuse im Blütenstandsbereich (-)!
Sind die Pflanzen im Innenraum fern von zugigen Türen ausgestellt (+) oder sind sie Zugluft, raschen Temperaturwechseln, unverglaster Sonnenstrahlung oder gar Kälte ausgesetzt (-).

Orchideen nie spontan kaufen, sondern genau hinschauen.

Hitze, UV-Licht und andere Faktoren stellen Gefahren für die Pflanzen dar. Kaufen Sie niemals Zimmerorchideen, die im Freiland ausgestellt waren, oder solche aus dem Eingangsbereich von Bau- und Supermärkten. Und natürlich sollten Sie einen genauen Check auf Schädlinge durchführen.
Was man tun kann, wenn man Schäden an bereits gekauften Pflanzen entdeckt oder Schäden in der eigenen Kultur entstehen, lesen Sie ab Seite 27.

Orchideen transportieren

Der Transport der Orchidee vom Händler nach Hause ist ein Härtetest für die Pflanze. Sie ist von der Gewächshauskultur verwöhnt und hat mitunter beim Händler schon einiges einstecken müssen. Doch jetzt drohen ihr ernsthafte Schäden, wenn sie nicht gut verpackt ist.

Im Winterhalbjahr ist es die Kälte, die auch gut verpackten Pflanzen zu schaffen macht. Mit wenigen Ausnahmen (etwa *Cymbidium*) können schon wenige Minuten Kälte, auch ohne Frost, zu schweren Schäden führen. Bei Frost sind die Schäden meist irreparabel und die Pflanze verloren. Hier hilft nur sorgfältiges und gutes Verpacken. Gut in drei Lagen Papier eingepackt, braucht es einige Zeit, bis die Pflanzen auskühlen. Sie dürfen dennoch nicht länger als etwa zehn bis fünfzehn Minuten im Freien oder im Kofferraum transportiert werden.

Auch bei warmer Witterung lauern Gefahren. Wind kann nicht nur Blütentrauben knicken, sondern schlecht verpackte Blüten auch so weit austrocknen, dass sie sich nicht mehr erholen und dann rasch welken. Die Sonne kann zudem auf den Blättern Verbrennungen hervorrufen. In Zellophan verpackte Pflanzen leiden unter Hitzestau, Wassertropfen können hier zudem zu Brandflecken auf den Blättern führen.

IMMER MIT DER RUHE

Eine Orchidee ist schnell gekauft, auch bei „schlechtem" Wetter. Schlecht ist hier nicht Regen, schlecht sind Hitze und Sonne genauso wie Wind oder Kälte. Es lohnt sich, hat man nichts Geeignetes zum Transport dabei, in eine übergroße Einkaufstasche zu investieren, in welche die Pflanze als Ganzes hineinpasst. Bei Hitze muss es Papier oder Stoff sein, kein Kunststoff. Bei Kälte hilft eine großformatige Tageszeitung. Die Pflanze wird in mindestens drei Lagen Papier gewickelt, und zwar dicht - oben und unten durch Umbiegen geschlossen.

Tierische Schädlinge

Tierische Schädlinge sind die häufigsten Schadensverursacher unserer Orchideen. Sie sind jedoch im Vergleich zu beispielsweise Viren relativ leicht zu bekämpfen, auch wenn sie sich manchmal hartnäckig geben. Aber auch ihre vollständige Ausrottung an einer Pflanze kann mitunter nur von kurzfristigem Erfolg gekrönt sein, da sie relativ leicht wieder zuwandern können.

Tierische Schädlinge sind rasch eingeschleppt. Sie sind zwar bekämpfbar, doch ist es mit einmal Gift sprühen nicht getan.

Ein Hauptproblem bei der Bekämpfung ist, dass Orchideen sehr empfindlich auf eine Überdosierung von Insektiziden reagieren. Leider werden diese üblicherweise viel zu hoch dosiert, in der Hoffnung dadurch schnellere und nachhaltigere Erfolge zu erzielen. Es ist aber ein Irrglaube, dass Kontaktgifte tierische Schädlinge bei einer Anwendung völlig vernichten. Meistens sind mindestens drei Anwendungen in Folge notwendig. Systemische Mittel, die von der Pflanze aufgenommen werden und von innen heraus wirken, sind dagegen nachhaltiger und wirken länger. Doch stellt sich hier das Problem, dass sie von den ledrigen, wachsbeschichteten Blättern und den speziellen Wurzeln der Orchideen oft nicht gut aufgenommen werden.

WICHTIG ZU WISSEN

Bei der Verwendung sämtlicher synthetischer und auch natürlicher Insektizide werden immer einzelne Schädlinge überleben und sich wieder vermehren. Diese Mittel sind also bei nur einmaliger Anwendung kaum effizienter als der Einsatz von Nützlingen.

Natürliche Schädlingsbekämpfung

Der Einsatz von Nützlingen zur Bekämpfung von Schädlingen ist empfehlenswert, doch gilt es auch hier einige Dinge zu beachten. Nützlinge haben nämlich einen Nachteil: Sie stellen selbst bestimmte Bedingungen an ihre Umgebung. Temperatur, Luftfeuchtigkeit, Licht und beispielsweise die Tageslänge müssen ihren Bedürfnissen entsprechen, damit sie sich vermehren und effektiv sein können. Außerdem sind sie recht mobil und bewegen sich in Richtung Licht. Sie können daher am Blumenfenster mitunter gute Dienste leisten, sind aber für das Innere von Räumen kaum geeignet. Ihr effizienter Einsatz beschränkt sich daher meist auf das Glashaus.

Bleibende Schäden

Welche Methode auch immer man zur Bekämpfung von Schädlingen wählt: Die Schäden bleiben auch nach deren Beseitigung sichtbar. Einmal missgebildete Blätter können sich nicht mehr regenerieren. Erst Neutriebe sind völlig frei von Schäden. Auch bleiben sichtbare Reste der Schädlinge – etwa die Hüllen der Schildläuse oder die „Wolle“ der Wollläuse – auf den Pflanzen zurück, was einen aktuellen Befall suggeriert, auch wenn die Schädlinge tatsächlich zur Gänze beseitigt wurden.
Neben den nachfolgend genannten Schädlingen gibt es noch viele andere – von Asseln oder Schnecken bis hin zu Mäusen – die in der üblichen Zimmerkultur allerdings eher die Ausnahme sind.

Schneckenfraß an *Paphiopedilum*.

Wollläuse

Alle Orchideen, besonders aber *Phalaenopsis*, werden leicht von Wollläusen befallen. Die bis zu 5 mm langen Tiere sind üblicherweise in weißen, wollig wirkenden Wachsausscheidungen versteckt. Diese sind Wasser abweisend und schützen auch vor Fressfeinden. Meist sitzen die Tiere in den Augen der Neutriebe. Wollläuse sind zwar mit Insektiziden zu bekämpfen, doch erreichen Kontaktgifte die Tiere nur mit guten Netzmitteln oder bei recht hoher Dosierung, die aber häufig zu Verbrennungen bis zum Verlust der Neutriebe oder gar der Pflanze führt.
Effizienter ist die mühsame Methode des Wegwischens mit in Seifenlauge getränkten Wattestäbchen. Dieses Procedere muss öfters wiederholt werden. Ein Drittel Spirituszusatz zur Seifenlauge erhöht die Wirksamkeit, kann aber auch zu Schäden an der Pflanze führen. Die Bekämpfung ist also recht mühsam und muss in jedem Fall mehrmals wiederholt werden.

Schildläuse

Wollläuse und die Weiße Fliege gehören zwar zu den Schildläusen, doch sehen typische Schildläuse ganz anders aus. Sie sind auf den ersten Blick nicht als Tiere erkennbar, sondern gleichen eher einer Korkwarze oder einem eingetrockneten Tropfen brauner Flüssigkeit. Je nach Art werden sie etwa 1 - 5 mm lang, wobei oft schon Jungtiere fortpflanzungsfähig sind.
Schildläuse befallen alle Orchideen und sitzen je nach Art auf der Ober- oder Unter-

Schildläuse auf Phalaenopsis

seite von Blättern. Sie können mit einem mit Seifenlauge-Spirituslösung befeuchteten Tuch weggewischt werden. Insektizide mit Netzmittel wirken meist gut, bei Schildläusen die nur die Blattoberseiten befallen hilft auch Blattglanzspray, das vorsichtig aus größerer Entfernung anzuwenden ist. Problematisch ist nicht die Bekämpfung, sondern vielmehr das rechtzeitige Erkennen des Befalls.

Blattläuse

Blattläuse befallen bei Orchideen üblicherweise nur Neutriebe inklusive der Blütentriebe. Feste, ledrige Blätter sind ihnen zu hart. Zur Bekämpfung wischt man sie daher regelmäßig ab. Insektizide können bei Bedarf vorsichtig verwendet werden.

Thripse

Thripse stellen eine echte Herausforderung für jeden Pflanzenfreund dar. Die etwa 1-3 mm langen, meist nur zehntelmillimeterdicken Insekten saugen an Blättern. Der eigentliche Schaden wird aber von ihren Larven verursacht, die im Blattinneren leben. Meist sieht man nur, dass die Blätter zunehmend kleine graue Flecken zeigen, die rasch dichter werden, sodass bald nur mehr Grau zu sehen ist. Oft sind auch kleine Einsenkungen am Blatt bemerkbar. Diese Schäden bleiben, auch wenn das Insekt längst erfolgreich bekämpft wurde. Neubefall wird hingegen erst sehr spät bemerkt. Die Anwesenheit geschlechtsreifer Tiere kann man mittels Blautafeln zeigen, die im Handel erhältlich sind. Sie werden von den Tieren angeflogen, die auf ihnen kleben bleiben. Diese Methode dient dem Nachweis, ist aber zur Bekämpfung untauglich. Das Entfernen der erwachsenen Tiere durch Abwischen mit Seifenlösung oder durch Insektizide mit Netzmittel ist einfach, doch die nachhaltige Bekämpfung ist nur systemisch möglich, was bei Orchideen wie bereits gesagt schwierig ist. Thripse befallen vorwiegend Cymbidien und Orchideen mit faltigen Blättern. Begünstigt wird der Befall durch einen warmen bis heißen, lufttrockenen Standort.

Thripse und Spinnmilben sieht man mit freiem Auge nicht gut und bemerkt den Befall daher meist erst bei Massenauftreten.

Blattlaus

Befall mit Thripsen

Spinnmilben

Wie Thripse sind auch Spinn- oder Weichhautmilben Parasiten heißer, lufttrockener Standorte. Sie weisen daher bei Orchideen meist darauf hin, dass die Pflanze infolge falscher Kultur nicht mehr zu retten ist und stellen selbst sozusagen nur noch die „Draufgabe“ dar. Spinnmilben sind deutlich kleiner als 1 mm. Die weißen bis blutroten („Rote Spinne“) Achtbeiner selbst fallen kaum auf. Entweder färben sich die Blätter durch die Saugtätigkeit der Milben grau, oder die Pflanze wird von einem weißen Gespinst überzogen.

IMMER MIT DER RUHE

Tierische Schädlinge sind äußerst unangenehm, aber zu bekämpfen. Sie sind jedoch das sichtbarste Zeichen dafür, dass sich die Pflanze unwohl fühlt. Für die Kaufentscheidung sind sie für erfahrene Pflanzenfreunde der geringste Entscheidungsgrund gegen eine Orchidee. Da wiegen der Allgemeinzustand der Pflanze sowie Infektionskrankheiten schwerer.

Gespinst von Spinnmilben.

Spinnmilben sind nicht mit reinen Insektiziden, sondern mit Acariziden oder Kombinationsmitteln zu bekämpfen. Ein gutes Netzmittel – etwa wenige Tropfen Neutralseifenreiniger oder Geschirrspülmittel je Liter – ist hierfür Voraussetzung.

Weiße Fliege

Mottenschildläuse, auch Weiße Fliegen genannt, befallen fast ausschließlich weichblättrige Orchideen. Ihre Larven leben an den Blattunterseiten. Die etwa 1 mm langen, strahlend weißen, grob nachtfalterähnlichen „Mücken“ fliegen bei Berührung der Pflanze oft in großer Menge auf. Bekämpft wird mit handelsüblichen Insektiziden.

Pilzkrankheiten

Pilzkrankheiten sind in ihrer Behandlungsmöglichkeit sehr unterschiedlich. Pilze, die von außen angreifen, stellen üblicherweise nur ein kurzfristiges Problem dar. Sie verschwinden auch ohne Bekämpfung wieder. Pilze, die im Inneren der Pflanze leben, sind jedoch nur durch synthetische Fungizide in den Griff zu bekommen. Diese Fungizide sind üblicherweise nur in Großpackungen erhältlich – für den Zimmergärtner also in unbrauchbaren Mengen. Befallene Pflanzen sollten daher ersetzt werden, so sie nicht durch das Wegschneiden befallener Teile kuriert werden können.

Braun- und Schwarzfäule, Herzfäule

Pilze der Gattungen *Pythium* und *Phytophtora* verursachen Braun- und Schwarzfäule an unterschiedlichen Pflanzen – zum Teil als Krautfäule, Herzfäule oder selten auch als Wurzelfäule. Das heißt, bestimmte Pflanzenzeile verfärben sich braun oder schwarz und sterben anschließend ab. Am bekanntesten ist die Kartoffel-Krautfäule, die in

Phalaenopsis-Herzfäule in fortgeschrittenem Stadium.

Irland schwere Hungersnöte zur Folge hatte. Heute ist dieser Pilz eine gefürchtete Tomatenkrankheit, an denen er die Braunfäule verursacht. Es gibt aber auch orchideenspezifische Arten dieser Pilze. Die meisten verursachen zwar Schäden, doch fallen diese bei guter Pflege der Orchideen wenig auf. In den letzten Jahren breitet sich jedoch die Phalaenopsis-Herzfäule aus. Diese betrifft den Vegetationskegel, also die wachstumsaktive Zone. Das heißt, die Pflanze wird völlig zerstört. Einzig wirksam zur Bekämpfung sind Fungizide aus dem Kartoffelanbau.

Wurzelfäule

Rhizoctonia ist ein Wurzelfäulepilz, der durch abgestandenes Wasser übertragen wird. Die Wurzeln oder manchmal auch Sprossteile verfärben sich zunächst braun, behalten aber lange ihre feste Konsistenz. Befallene Wurzeln sollten aber unverzüglich entfernt werden, so es sich um Einzelwurzeln handelt. Dabei wird bis ins gesunde Gewebe zurückgeschnitten. Das Schneidewerkzeug muss anschließend desinfiziert werden. Leider geht die Fäule meist vom Spross aus, was eine Rettung durch Schnittmaßnahmen unmöglich macht.

Tipp

Zur Vorbeugung abgestandenes Wasser meiden, etwa auch Wasser aus abgedeckten Regentonnen – offene, durch zahlreiche Lebewesen besiedelte Wasserbehälter sind üblicherweise unbedenklich.

Wasser oder Insektizidverbrennungen im Vegetationskegel sind häufig Eintrittspforte für die *Phalaenopsis*-Herzfäule.

Andere Probleme

Schäden müssen nicht immer alleine auf Krankheitserreger zurückzuführen sein. Physikalische und chemische Schädigungen sind mitunter ebenfalls von Bedeutung.

Verbrennungen

Verbrennungen an Pflanzen können sich auf zwei unterschiedliche Arten zeigen. Entweder bleichen die betroffenen Pflanzenteile aus und vertrocknen gleichzeitig, oder es bildet sich ein dunkelbraunes Wundgewebe bzw. Verkorkungen. Zu den Wundgeweben kommt es üblicherweise bei Verbrennungen durch überdosierte Pestizide, Überdüngung oder die Einwirkung andere Salze oder Chemikalien. Verbrennungen können an allen Pflanzenteilen auftreten – bei Chemikalienschäden auch unterirdisch an Wurzeln.

Helle Verbrennungen entstehen durch Hitze oder Licht, vorwiegend aber durch UV-Strahlung. Stehen Pflanzen etwa zu nah an Beleuchtungskörpern, so kommt es meist zu Verbrennungen infolge von Hitzeeinwirkung. Zieht man Schattenpflanzen hinter Glas in voller Sonne, kann es zur Zerstörung des grünen Blattfarbstoffs durch ein Überangebot an Licht kommen. Dieser Chlorophyllverlust muss sich nicht gleich in eindeutigen Verbrennungen äußern, sondern macht sich oft zunächst durch eine stumpfe Blattfärbung bemerkbar.

Die Sonne ist Grundlage pflanzlichen Lebens und Feind der Pflanzen gleichermaßen.

HÄUFIGE FEHLER

Was auch für Sonnenanbeter an vollsonnigen Standorten hinter Glas zum Problem werden kann, ist ein Hitzestau. Dieser kann einerseits zu Verbrennungen führen, andererseits zu Fäulnis.

Südfenster – besser als ihr Ruf

Viele Orchideen, die im Freien keinerlei Sonne ertragen, wachsen an Südfenstern dennoch gut, da sie kaum Schwierigkeiten mit einem Überangebot an Licht oder Wärme haben, sondern nur gegen UV-Licht empfindlich sind. Fensterglas von wenigen Millimetern Dicke – noch dazu bei Doppelverglasung – lässt aber nahezu kein UV-Licht durch. Deswegen kann ein Freilandaufenthalt im Sommer zum Problem werden, und zwar auch für Sonnenanbeter. Von der Zimmerkultur verweichlicht, bekommt hier jede Pflanze einen Sonnen-

Sonnenbrand bei *Phalaenopsis*.

Phalaenopsis-Herzfäule in fortgeschrittenem Stadium.

Irland schwere Hungersnöte zur Folge hatte. Heute ist dieser Pilz eine gefürchtete Tomatenkrankheit, an denen er die Braunfäule verursacht. Es gibt aber auch orchideenspezifische Arten dieser Pilze. Die meisten verursachen zwar Schäden, doch fallen diese bei guter Pflege der Orchideen wenig auf. In den letzten Jahren breitet sich jedoch die Phalaenopsis-Herzfäule aus. Diese betrifft den Vegetationskegel, also die wachstumsaktive Zone. Das heißt, die Pflanze wird völlig zerstört. Einzig wirksam zur Bekämpfung sind Fungizide aus dem Kartoffelanbau.

Wurzelfäule

Rhizoctonia ist ein Wurzelfäulepilz, der durch abgestandenes Wasser übertragen wird. Die Wurzeln oder manchmal auch Sprossteile verfärben sich zunächst braun, behalten aber lange ihre feste Konsistenz. Befallene Wurzeln sollten aber unverzüglich entfernt werden, so es sich um Einzelwurzeln handelt. Dabei wird bis ins gesunde Gewebe zurückgeschnitten. Das Schneidewerkzeug muss anschließend desinfiziert werden. Leider geht die Fäule meist vom Spross aus, was eine Rettung durch Schnittmaßnahmen unmöglich macht.

Tipp

Zur Vorbeugung abgestandenes Wasser meiden, etwa auch Wasser aus abgedeckten Regentonnen – offene, durch zahlreiche Lebewesen besiedelte Wasserbehälter sind üblicherweise unbedenklich.

Wasser oder Insektizidverbrennungen im Vegetationskegel sind häufig Eintrittspforte für die *Phalaenopsis*-Herzfäule.

Grauschimmel *(Botrytis)* an *Phalaenopsis* F1138 'Sexy Pink'.

Pilzerkrankungen bedeutet, die Pflanze zumindest zu isolieren, um ein Übergreifen zu vermeiden – besser wird die Pflanze kompostiert.

Welkekrankheit

Bei einer Infektion mit *Fusarium*, dem Erreger der Welkekrankheit, werden die befallenen Pflanzenteile zunächst matschig. Auf den betroffenen Stellen können in großer Zahl halbkugelige weiße Fruchtkörper von bis zu 1,5 mm Durchmesser auftreten. Bei Orchideen werden meist die Wurzeln befallen, wobei die Pilzgattung nur schwer zu erkennen ist. Befallene Teile können bis ins gesunde Gewebe abgeschnitten werden, eine anschließende Desinfektion der Schneidegeräte ist wichtig.

Grauschimmel

Vergleichsweise harmlos ist dagegen Grauschimmel *(Botrytis)*. Kälte und Feuchtigkeit, oft in Verbindung mit süßen Sekreten wie Nektar oder den Ausscheidungen von Blattläusen, führen vor allem an Blüten zur Schimmelbildung. Grauschimmel unterscheidet sich von anderen Schimmelpilzen dadurch, dass er keinen flächigen Schimmelrasen bildet, sondern punktförmig verteilt auftritt. Die Blüten zeigen sommersprossenartige graue Tupfen, die nicht vollständig abwischbar sind. Zwar lassen sich die grauen Sporenbehälter entfernen bzw. verwischen, doch der Fleck im Blattgewebe bleibt leider.

Grauschimmel ist eine typische Transportkrankheit, die bei halbwegs guter Kultur – also bei Bedingungen, unter denen die Pflanzen Blütentriebe bilden – nicht auftritt. Seine Bekämpfung erübrigt sich. Befallene Blüten bleiben befallen, Ausbreitung bzw. Neubefall verhindert man durch die passende Temperatur und geringere (Luft-)Feuchtigkeit.

HÄUFIGE FEHLER

Die meisten Orchideen bevorzugen kalkfreies Gießwasser. Regenwasser eignet sich sehr gut. Aus Angst vor Mückeninvasionen werden Regentonnen meist abgedeckt – ein idealer Krankheitsherd, ob für Pflanze, Tier oder Mensch.

Und die Mücken schaffen es doch, sich darin zu vermehren. Besser setzt man einzelne robuste Fische in offene Tonnen ein – etwa Guppys oder Makropoden – und keine einzige Mückenlarve wird überleben.

Viren und Bakterien

Bei guter Kultur sind von Viren verursachte Schäden kaum zu bemerken. Sagen der Pflanze die Bedingungen aber nicht zu, so treten unschöne glasige Flecken auf Blatt und Blüte auf. Saugende Insekten – vorwiegend Blattläuse – sowie nicht desinfizierte Schnittwerkzeuge, wie Scheren und Messer, übertragen sie dann von Pflanze zu Pflanze. Viren sind keine Lebewesen, sondern „wildgewordene Gene" – Erbsubstanz, die

Oft fällt die Unterscheidung von Bakteriosen und Pilzerkrankungen nicht leicht.

Bakteriose an *Phalaenopsis*

mit einer Proteinhülle umgeben darauf wartet, von einer Zelle durch spezielle physikalisch-chemische Andockmechanismen aufgenommen zu werden. Die Erbsubstanz in der Zelle sorgt dafür, dass diese so lange neue Viren produziert, bis sie selbst platzt. Durch das Platzen werden die neuen Viren freigesetzt. Pflanzenvirosen sind nicht zu bekämpfen. Befallene Pflanzen tragen das Virus zeitlebens. Unter guten Wachstumsbedingungen bleibt der Virenspiegel jedoch niedrig, befallene Zellen können die Virenproduktion gering halten.

Virosen stellten früher ein großes Problem dar. Vor allem Raucher hatten angeblich bei ihren Pflanzen damit zu kämpfen, denn das in Tabakwaren oft enthaltene Tabakmosaikvirus (TMV) stand in Verdacht, auch Orchideen zu befallen. Mittlerweile sind Virosen durch die Art der Orchideenkultur wie auch ihre Vermehrung kaum mehr ein Thema. Lediglich bei Cymbidien spielen sie noch eine Rolle.

Bakterieninfektionen zeigen dagegen ganz unterschiedliche Erscheinungsformen. Sie können wie Pilzerkrankungen (Fäule) oder wie Virosen aussehen. Aus diesem Grund ist es schwierig, eine genaue Diagnose zu erstellen. Auch Bakteriosen sind für Laien nicht zu bekämpfen.

WICHTIG ZU WISSEN

Viren können lediglich in Gewebekultur entfernt werden. Bei Temperaturen über 40 °C werden sie deaktiviert. Pflanzenzellen können sich in Gewebekultur bei diesen Temperaturen noch teilen. Werden aus den durch Teilung entstandenen Zellen neue Pflanzen gezogen, so sind diese virenfrei.

Andere Probleme

Schäden müssen nicht immer alleine auf Krankheitserreger zurückzuführen sein. Physikalische und chemische Schädigungen sind mitunter ebenfalls von Bedeutung.

Verbrennungen

Verbrennungen an Pflanzen können sich auf zwei unterschiedliche Arten zeigen. Entweder bleichen die betroffenen Pflanzenteile aus und vertrocknen gleichzeitig, oder es bildet sich ein dunkelbraunes Wundgewebe bzw. Verkorkungen. Zu den Wundgeweben kommt es üblicherweise bei Verbrennungen durch überdosierte Pestizide, Überdüngung oder die Einwirkung andere Salze oder Chemikalien. Verbrennungen können an allen Pflanzenteilen auftreten – bei Chemikalienschäden auch unterirdisch an Wurzeln.

Helle Verbrennungen entstehen durch Hitze oder Licht, vorwiegend aber durch UV-Strahlung. Stehen Pflanzen etwa zu nah an Beleuchtungskörpern, so kommt es meist zu Verbrennungen infolge von Hitzeeinwirkung. Zieht man Schattenpflanzen hinter Glas in voller Sonne, kann es zur Zerstörung des grünen Blattfarbstoffs durch ein Überangebot an Licht kommen. Dieser Chlorophyllverlust muss sich nicht gleich in eindeutigen Verbrennungen äußern, sondern macht sich oft zunächst durch eine stumpfe Blattfärbung bemerkbar.

Die Sonne ist Grundlage pflanzlichen Lebens und Feind der Pflanzen gleichermaßen.

HÄUFIGE FEHLER

Was auch für Sonnenanbeter an vollsonnigen Standorten hinter Glas zum Problem werden kann, ist ein Hitzestau. Dieser kann einerseits zu Verbrennungen führen, andererseits zu Fäulnis.

Südfenster – besser als ihr Ruf

Viele Orchideen, die im Freien keinerlei Sonne ertragen, wachsen an Südfenstern dennoch gut, da sie kaum Schwierigkeiten mit einem Überangebot an Licht oder Wärme haben, sondern nur gegen UV-Licht empfindlich sind. Fensterglas von wenigen Millimetern Dicke – noch dazu bei Doppelverglasung – lässt aber nahezu kein UV-Licht durch. Deswegen kann ein Freilandaufenthalt im Sommer zum Problem werden, und zwar auch für Sonnenanbeter. Von der Zimmerkultur verweichlicht, bekommt hier jede Pflanze einen Sonnen-

Sonnenbrand bei *Phalaenopsis*.

brand, wenn man sie nicht langsam und vorsichtig, an einem schattigen Standort beginnend, an die Sonne gewöhnt. Ideal ist es, die Pflanzen an einem bewölkten Tag das erste Mal ins Freie zu stellen.
Ein weiteres Problem können Wassertropfen werden, die für Sonnenstrahlen wie ein Brennglas wirken. Vor allem Pflanzenteile, die direkt mit der Fensterscheibe in Berührung kommen, sind bei Tröpfchenbildung zwischen Pflanze und Scheibe stark verbrennungsgefährdet sobald die Sonne stark scheint.

Deformationen der Blätter

Manchmal entstehen an Neutrieben eigenartige Blattdeformationen. Sie verlieren Knospen oder Blütenstängel, krümmen sich, „bleiben stecken“ und wachsen nicht weiter. Die Blüten öffnen sich dann zwischen den Blättern, soweit das möglich ist. Grund dafür sind fast immer Unregelmäßigkeiten beim Gießen oder im Temperaturverlauf, bisweilen aber auch Düngefehler wie eine zeitweise Überdüngung. Beim Auftreten der Deformationen kann das Problem auch schon längst behoben sein – es zeigen sich gewissermaßen die Nachwirkung der Kulturbedingungen zu der Zeit, als der Trieb oder das Blatt angelegt wurde oder gerade zu wachsen begann.

Verbrennungs-Nachwehen

Eine weitere Art von Deformationen sind jene, die durch Verbrennungen im Stadium des Austriebes verursacht wurden. Ein sich neu entwickelndes *Phalaenopsis*-Blatt kann beispielsweise innerhalb der Vegetationsspitze – also noch unsichtbar zwischen älteren Blättern verborgen – durch Pestizide Verbrennungsschäden erleiden. Erst im Lauf des Wachstums zeigen sich diese Schäden. Verbrannte Zellen werden nicht ersetzt und nur gesunde Zellen können das Blattwachstum fortsetzen. Einzelne Blattpartien fehlen daher bzw. sind durch ein Wundgewebe abgeschlossen.

Zieharmonikablatt bei *Miltoniopsis*

Andere Blattschäden

Mitunter schrumpeln sukkulente Blätter – etwa jene von *Phalaenopsis* –, oder sie rollen sich leicht auf, werden blaugrün und durchscheinend. Allem Anschein nach welken die Blätter, ihnen fehlt Wasser. Doch das Substrat ist keineswegs trocken. Üblicherweise sind hier Wurzelschäden der Grund. Wurzelschäden können beispielsweise durch oben erwähnte Pilze oder Bakterien verursacht sein. Meist ist die Ursache aber hausgemacht: Vernässung durch zu häufiges gießen oder eine Substratverdichtung, weil die Pflanze nicht umgetopft wurde, sind die häufigsten Ursachen. Bei manchen Gattungen reicht es aber auch, kurzzeitig das Gießen zu vergessen, um nicht wieder ausgleichbare Wurzelschäden zu verursachen. Vor allem der Venusschuh *(Paphiopedilum)* reagiert empfindlich auf mangelhaftes Umsetzen und Gießen. Topft man ihn nicht mindestens alle zwei Jahre um, so sind die Pflanzen im dritten Jahr üblicherweise verloren. Auch kurze Trockenperioden führen nach etwa einem halben Jahr zum Verlust der Pflanze. Die Venusschuhe sind diesbezüglich das Gegenteil der beliebten *Phalaenopsis*, die fast alles verzeiht – außer Kälte, zu viel Düngung und zu viel Wasser.

Orchideen pflegen

Herkunft und Ansprüche

Orchideen stammen aus den unterschiedlichsten Klimazonen und Lebensräumen. Daher lässt sich bezüglich ihrer Ansprüche wenig Allgemeines sagen und keine der Regeln ist ohne Ausnahmen.
Hierüber ist in den Kulturanleitungen auf den Plastikschildchen der Orchideentöpfe allerdings nichts zu lesen.
Ihnen zufolge wären alle Orchideen gleich zu pflegen: hell, aber keine direkte Sonne, ausreichend Wasser, aber nicht zu viel, Zimmertemperatur, aber nicht zu kalt. Dass diese eher ungenauen Angaben oft nicht zutreffen und schon gar nicht ausreichen, um die betreffende Orchidee erfolgreich zur Blüte zu bringen und gesund zu erhalten, muss nicht eigens erwähnt werden. Vandeen beispielsweise verlangen durchaus nach mehr Sonne.
Die meisten Zimmerorchideen sind Epiphyten, also Aufsitzerpflanzen. Das heißt, ihre Wurzeln wachsen nicht in üblicher Waldbodenerde. Der Handel bietet daher Orchideensubstrat an, doch frei nach dem Motto: „eines für alle". Aber auch hier gilt: Brauchbarkeit und Qualität verhalten sich mitunter wie die Standard-Pflegeanleitungen, denn nicht alle Orchideen haben dieselben Ansprüche.

Licht – die Menge macht's

Die wichtigste Vorraussetzung für pflanzliches Leben ist Licht. Der grüne Pflanzenfarbstoff Chlorophyll spielt dabei eine zentrale Rolle. Er wandelt mit Hilfe von Licht Kohlendioxid und Wasser in pflanzenverfügbare Energiespeicher. Chlorophyll wird dabei aber auch verbraucht, denn was lichtempfindlich ist, kann durch ein Zuviel an Licht zerstört werden. Im Klartext: Bei zu wenig Licht verhungert die Pflanze, bei zu viel Licht ebenfalls, da der Chlorophyllgehalt dann abnimmt. Aus diesem Grund dürfen Schattenpflanzen nicht in die pralle Sonne gestellt werden.

Epiphyten (Baumaufsitzer) erhalten mehr Licht als Pflanzen am Waldboden.

Physikalische Grundlagen

Licht setzt sich aus unterschiedlichen Wellenlängen zusammen. Pflanzen benötigen zum Wachstum Licht aus dem Rot- und Blauspektrum. UV-Licht und auch Infrarotstrahlung zerstören dagegen Chlorophyll. Üblicherweise werden aber Lichtmengen, die Chlorophyll auch ohne Einwirkung von UV- und Wärmestrahlung zerstören, in Zimmern nicht erreicht, da UV-Licht auch von den dünnsten Fensterscheiben nachhaltig herausgefiltert wird. Weiterhin vergisst man meist, dass überhaupt nur dann die volle Sonnenstrahlung durch eine Scheibe gelangen kann, wenn das Licht im rechten Winkel zur Scheibe einfällt – eine Situation, die wir in gut gebauten Glashäusern mit ihren abgeschrägten Dächern näherungsweise haben, jedoch niemals bei den senkrechten Fensterscheiben von Wohnungen. Je flacher der Winkel, in dem das Licht auf die Scheibe trifft, desto mehr Licht wird reflektiert. Üblicherweise sind die Lichtmengen, die durch ein Südfenster gelangen, geringer als jene an einem schlagschattigen Platz im Freiland. Zusätzlich nimmt die Beleuchtungsstärke noch mit dem Quadrat der Entfernung zur Lichtquelle – in unserem Fall die Fensterscheibe – ab. Unsere anpassungsfähigen Augen nehmen das nicht wahr, doch die Pflanze sehr wohl.

Was bedeutet das?

Das Fazit aus all dem: Lediglich ausgesprochene Schattenpflanzen können an einem Südfenster durch Licht Schaden nehmen, solange es geschlossen ist. Dagegen leiden auch Schattenpflanzen in nur einem Meter Entfernung vom Nordfenster bzw. im Rauminneren. Im Glashaus oder einem Wintergarten mit verglastem Dach oder bei einem Freilandaufenthalt im Sommer sieht die Sache aber ganz anders aus.

Orchideen wie *Phalaenopsis* 'Mini Mark', können auch im Rauminneren stehen.

Die wenigsten Orchideen mögen dauernde Wärme. Viele wollen es zumindest nachts kühl.

HÄUFIGE FEHLER

Lichtmangel ist eine sehr häufige Ursache für das Ausbleiben neuer Blüten. Er ist für uns auch am Erscheinungsbild der Pflanze weniger auffällig als Schäden durch zu viel Sonne. Muten Sie Ihren Pflanzen ruhig etwas mehr zu.

Dennoch: Eine Pflanze darf nicht ganz plötzlich in die pralle Sonne gestellt werden. Verbrennungen entstehen meist dadurch, dass die Pflanze ohne Vorbereitung (Abhärtung) aus tiefster Dunkelheit hinausgestellt wird. Eine Abhärtungszeit von zwei bis drei Wochen, in der die Pflanze langsam an mehr Sonne gewöhnt wird, ist unbedingt einzuhalten.

Die richtige Temperatur

Von zentraler Bedeutung für viele Orchideen ist die richtige Raumtemperatur. Da man mit Orchideen meist tropische Pflanzen assoziiert, ist man häufig versucht, sie warm zu halten. Bei vielen Orchideen bleibt so jedoch die Blüte aus. Ganzjährig Temperaturen über 20 °C mögen die wenigsten Arten. Zu diesen Ausnahmen gehören etwa *Phalaenopsis* oder *Vanda*-Hybriden und manche Venusschuhe.

Viele, so ein großer Teil der *Odontoglossum-Oncidium-Miltonia*-Verwandtschaft („Cambrias“, *Oncidiinae*), bevorzugen ganzjährig milde Temperaturen um die 20 °C und eine deutliche Nachtabsenkung. Diese Orchideen haben tatsächlich nichts am Südfenster verloren – nicht weil sie dort zu viel Licht bekämen, sondern weil sie durch die Sonnenstrahlung zu sehr aufgeheizt würden. Wer in den Bergen wohnt, wird im Sommer bei gekipptem Südfenster allerdings erfolgreich sein.

WICHTIG ZU WISSEN

Licht kann auch die Blütenfarbe der Pflanzen beeinflussen. Anthocyane sind eine Farbstoffgruppe, die als UV-Schutz für eine dunkle Blattfärbung sorgt und für magentarote bis blaue Blütenfarben verantwortlich ist. Orchideen mit anthocyangefärbten Blüten können je nach Lichtintensität unterschiedliche Blütenfarben zeigen. Das betrifft im Standardsortiment *Vanda*-Hybriden und auch *Phalaenopsis*.

IMMER MIT DER RUHE

Als beste Methode erweist sich oftmals das Tauchen. Dazu stellt man den Topf etwa 10 Minuten zur Gänze ins Wasser, lässt die Wurzeln vollsaugen und den Topf danach abtropfen.
Gegossen wird je nach Art dann wieder, wenn das Substrat relativ oder ganz abgetrocknet ist.

Andere Orchideen haben deutliche Jahresrhythmen. Zu ihnen gehören viele Cattleyen und Dendrobien. Dendrobien der Nobile-Gruppe etwa sind ein extremes Beispiel: Sie mögen im Sommer hohe Temperaturen und Sonne, im Winter bevorzugen sie gar Nachttemperaturen von nur 5 - 10 °C, tagsüber darf es ruhig warm werden. Auch Cymbidien gehören zu den im Winter kälteliebenden Orchideen.

Orchideen werden vorsichtig gegossen.

Vorsicht beim Gießen

Auch bei der Bewässerung müssen wir unsere Assoziation von Tropen mit nass und heiß vergessen. Wer Kakteen gesammelt hat und dann auf Orchideen umsteigt, wird mit vielen gehandelten Pflanzen beste Erfolge haben. Als Epiphyten bewohnen Orchideen nämlich relativ trockene Lebensräume. Selbst wenn es täglich zwei Stunden regnet, trocknen die Wurzeln, die ja nicht von Erde bedeckt sind, rasch wieder ab und haben dann noch 22 Stunden Trockenheit zu ertragen.
Kaum eine Orchidee will allerdings ganz austrocknen. Dennoch ist beim Gießen Vorsicht geboten. Nässe mögen nur Spezialisten, für die meisten Arten ist ein- bis zweimal wöchentliches Gießen ausreichend - dickwurzelige Arten eher nur einmal, dünnwurzelige und *Paphiopedilum* zweimal.

Die richtige Luftfeuchtigkeit

Früher erhielt man oft die Empfehlung, Orchideen regelmäßig mit Wasser zu besprühen. Das führt aber meist zu Verbrennungen, Fäulnis, Grauschimmel oder kalkfleckigen Pflanzen. Ich persönlich halte daher nichts vom Besprühen der Pflanzen in Topfkultur.
Auch sollte man tunlichst vermeiden, Orchideen auf Fensterbänke zu stellen, unter denen sich ein Heizkörper befindet. Generell sind überheizte Standorte ungünstig. Ideal sind dagegen Räume, in denen ein Aquarium steht. Hier herrscht üblicherweise über 60 % Luftfeuchtigkeit, da fühlen sich alle Orchideen wohl. Die meisten handelsüblichen Pflanzen begnügen sich aber auch schon mit etwa 40-60 %. Für uns Menschen sind 50-80 % ideal, als in Wohnräumen normal gelten 30-70 %.
Wer mit Orchideen Probleme bezüglich zu trockener Luft hat, sollte die Luftfeuchtigkeit durch die Anschaffung eines Luftbefeuchters oder eines Aquariums erhöhen, und nicht etwa durch sprühen. Wer Orchi-

deentöpfe in Blumenkästen auf das Fensterbrett stellt, kann diese am Grund mit etwas Tongranulat (z. B. Leca®) bedecken und gerade soviel Wasser hineinfüllen, dass der Wasserstand knapp unterhalb der Tongranulatobergrenze liegt. Darauf stellt man die Orchideentöpfe – mit Untersetzern, um eine Dauerfeuchtigkeit im Topf zu vermeiden. Die poröse Oberfläche des Granulats verdunstet recht viel Wasser und sorgt so für eine erhöhte Luftfeuchtigkeit in unmittelbarer Nähe der Orchidee.

Am Fensterbrett fühlen sich Orchideen auch ohne Luftbefeuchter wohl, wenn sich kein Heizkörper darunter befindet.

ALLERHÖCHSTE ZEIT

Braune Blattspitzen, welke Blüten, Schädlingsbefall – all das kann auf zu trockene Luft hindeuten. Braune Blattspitzen allein reichen meist zur Diagnose, treten alle drei Symptome gleichzeitig auf bedeutet dies: Es ist höchste Eisenbahn! Ein Luftbefeuchter muss her, egal ob klassisches Elektrogerät, Zimmerbrunnen oder Aquarium!

Substrat ist nicht gleich Substrat

Epiphytische Orchideen können in normaler Blumenerde nicht wachsen. Sie benötigen ein sehr lockeres Substrat, vorwiegend aus festen Teilen. Auch viele tropische Erdorchideen, etwa die Paphiopedilen, verlangen luftdurchlässiges Substrat.

Bei Epiphyten (Aufsitzerpflanzen) sollte die geringste Korngröße des Substrats den Wurzeldurchmesser nicht unterschreiten. So benötigt Phalaenopsis etwa recht grobes Substrat, ideal ist zerkleinerte Rinde. Bei den dünnwurzeligen Oncidien darf etwas Torfmoos *(Sphagnum)* dabei sein. *Paphiopedilum* als Erdorchidee lockerer Humussubstrate mag ebenfalls sphagnumhaltige Mischungen oder gar Weißmoostorf, evtl. mit Kalksplitt vermischt. Lediglich einige Erdorchideen und Kletterpflanzen, beispielsweise Juwelenorchideen und Vanille, wachsen in normaler Blumenerde.

Epiphytische Orchideen mit dicken Wurzeln gedeihen in reinen Rindensubstraten oder zerkleinertem Baumstubbenholz bestens, andere dagegen benötigen einen Wasser haltenden Anteil wie etwa Torfmoos. Bei Epiphyten bleibt der Anteil beigemischter wasserbindender Substratanteile unter

WICHTIG ZU WISSEN

Häufig erhält man Orchideen in durchsichtigen Töpfen. Das ist durchaus sinnvoll, da auch die Wurzeln Nährstoffe in körpereigene Substanzen verwandeln können und die Pflanzen so besser wachsen. In der Wohnung sollen die Pflanzen dekorativ sein, kommen also in Übertöpfe. Damit werden durchsichtige Töpfe sinnlos. Prinzipiell ist es Orchideen relativ egal, ob sie in Ton- oder Plastiktöpfen wachsen. An Ton können Wurzeln aber besser festwachsen, was beim Umsetzen problematisch sein kann. Plastik ist deswegen zu bevorzugen.

50 %, bei Erdorchideen, wie dem Venusschuh, dürfen sie zwei Drittel erreichen. Zu beachten ist aber, dass in jedem Fall eine gute Luftdurchlässigkeit gewährleistet ist. Es ist also nicht egal, ob feiner und damit verdichtender Weißmoostorf oder grobfasriger Torf verwendet wird. Darum bestehen Substratmischungen üblicherweise nicht nur aus einem Wasser haltenden und einem nicht Wasser haltenden Bestandteil, sondern aus recht unterschiedlichen Stoffen.

Vorsicht bei Fertigprodukten

Um Anfängern den Einstieg in die Orchideenkultur zu erleichtern, bietet der Fachhandel fertige Orchideensubstrate zum Kauf. Ein Test der Österreichischen Orchideengesellschaft lieferte allerdings für den fortgeschrittenen Orchideenfreund durchwegs unbefriedigende Resultate. Der Grund liegt nicht nur darin, dass unterschiedliche Orchideen auch unterschiedliche Substrate bevorzugen, sondern zum Teil in der Verwendung minderwertigen Materials. Für den Anfang reichen diese Substrate aber allemal. Man darf jedoch nicht vergessen, zumindest jedes zweite Jahr umzupflanzen. Eigene Substrate zu mischen ist allerdings keine Hexerei. Relativ rasch hat man mit einigem Einfühlungsvermögen heraus, was genau welche Pflanze wünscht.

Die Zutaten für gutes Orchideensubstrat kann man gratis im Wald finden.

Kokoschips

Selbst gemischte Substrate

Wie oben erwähnt sind Universalmischungen problematisch.
Bei jedem Pflanzenportrait finden sich daher Mischungen gesondert angegeben. Andere Autoren geben meist zwei bis drei „Universal"-Rezepturen an. Ich halte das für nicht sinnvoll, zumal man schon im Vergleich ähnlicher Bücher sieht, dass die Rezepte mehr individuellen Vorlieben entsprechen als zuverlässig den Anforderungen aller Orchideen zu genügen. Einzig wirklich wichtig sind das Verhältnis von strukturstabilem Grobmaterial zum Wasser haltenden Material und die Korngröße des strukturstabilen Materials.
Dann lässt sich ganz nach persönlichen Vorlieben, etwa für Rinde oder Blähton als strukturstabilem, Sphagnum oder Kokoschips als Wasser haltendem Material, leicht eine individuelle Mischung herstellen. Auch mit wenig Erfahrung bemerkt man bald, ob der Pflanze das gewählte Substrat zusagt oder nicht.

Rindenmulch

Als billig und relativ universell einsetzbar hat sich Rindenmulch/Rindenkompost aus dem Baumarkt bewährt. Im 40-l-Sack zu etwa zwei Euro ist minderwertiger Rindenmulch ein recht hochwertiges Orchideensubstrat. Es muss aber rasch verwendet werden, da es im Sack feucht ist und der Mulch weiter rottet. Die Feinanteile werden somit immer höher.
Für dickwurzelige epiphytische Orchideen leert man etwas Rindenkompost in Wasser und seiht die groben Bestandteile zur Verwendung ab. Dünnwurzelige Orchideen vertragen Rindenmulch nach der Anlieferung im zeitigen Frühjahr (also üblicherweise zur besten Umpflanzzeit) so wie er ist. Schon wenige Wochen später zerfällt er in den Packungen durch Heißrotte, die beim Angreifen des Sacks spürbar ist.
Nach Abklingen der Heißrotte ist der Rindenkompost für Erdorchideen wie Venusschuh und Juwelenorchideen geeignet, für

Epiphyten, auch dünnwurzelige, muss das Grobmaterial zur Verwendung abgeseiht werden. Trocknet man frischen Rindenmulch auf einer Unterlage, so ist er besser lagerfähig.

Nicht oder wenig Wasser haltende strukurstabile Anteile

Zerkleinerte Rinde: Geeignet sind unbehandelter Rindendekor, grober Rindenmulch, selbst gesammelte Rinde - bevorzugt von Nadelhölzern und Eichen.

Kork: z.B. zerkleinerte Flaschenkorken

Styropor: Flocken oder Wolle - meist in eher schlechten Fertigsubstraten reichlich zugesetzt, da billig.

Blähton: Grober Blähton, wie er in Hydrokultur verwendet wird, hat nur ein beschränktes Wasserhaltevermögen.

Wasser haltende, strukturstabile Anteile

Tongranulat: etwa Seramis®

Steinwolle: Kann bei manchen Erdorchideen, etwa bei *Cymbidien*, auch als strukturstabiles Alleinsubstrat verwendet werden, umgesetzt wird im Fünfjahresrhythmus.

Kokoschips oder -fasern: mäßig strukturstabil

Stubbenholz: Morsches, zerbröselndes Holz von verrottenden Baumstrünken, bevorzugt Eiche und Buche. Achtung: Baumstubben gerade dieser Baumarten sind ein Lebensraum gefährdeter Tierarten wie Larven von Hirschkäfer, Eichenbockkäfer und Alpenbockkäfer!

Rindenkompost: Angerottete Rindenstücke halten etwas Wasser.

Wasser haltende, nicht strukturstabile Anteile

Torf: Weißmoostorf, fein oder fasrig, kein Schwarzmoostorf

Torfmoos: lebendes oder totes *Sphagnum*-Moos.

ALLERHÖCHSTE ZEIT

Wachsen Wurzeln nicht mehr ins Substrat hinein, so ist es allerhöchste Eisenbahn die Pflanze umzusetzen. Besser lässt man es nicht so weit kommen. Optimalerweise werden Orchideen umgesetzt, sobald man durch das Schwellen einer Triebknospe erkennt, dass sie neu austreiben will. Der schlechteste Moment ist, wenn der Trieb bereits ausgetrieben hat und junge Blätter entwickelt. Aber besser dann als zu spät - das ist, wenn das verdichtete Substrat zu Wurzelfäule führt.

Die Pflanze wird vorsichtig aus dem Topf gehoben. Achtung, dass sich die Wurzeln möglichst unverletzt von der Gefäßwand lösen. Dann wird das Substrat ausgeschüttelt bzw. ausgewaschen. Die Pflanze wird nun in den neuen - oder alten, gereinigten - Topf gestellt. Nun wird Substrat dazugeschüttet. Damit es sich zwischen den Wurzeln gut verteilt, wird wiederholt an der Pflanze gerüttelt bzw. mit Wasser nachgeschwemmt. Beim Rütteln wird die Pflanze jeweils so weit herausgezogen, dass das, was oberirdisch sein soll auch über dem Substrat bleibt. Ist der Topf gefüllt, so ist es anfangs anzuraten, die Pflanze durch Holzstäbe (Essstäbchen, Schaschlikspieße etc.) zu stützen, bis sie gut verwurzelt ist.

Totes *Sphagnum* ist im Handel erhältlich.

Düngung ist für gutes Wachstum nötig.

Düngung mit Fingerspitzengefühl

Alle Pflanzen benötigen für ihr Wachstum ausreichend Nährstoffe. Doch ist es sehr unterschiedlich, was für die Pflanzenarten genau „ausreichend“ ist. Nicht nur eine Unterversorgung mit Nährstoffen schadet der Pflanze, eine Überversorgung hat noch viel gravierendere Folgen. Unterversorgung führt zu Kümmerwuchs. Bis zum Absterben vergehen aber üblicherweise Jahre. Durch Düngung ist der Mangel relativ rasch zu beheben. Eine Überversorgung führt ebenfalls zu Kümmerwuchs, schließlich zu Verbrennungen und am Ende zum Absterben der Pflanze durch Vertrocknen. Durch Auswaschen des Substrates bzw. Umsetzen kann man das Problem in den Griff bekommen, doch viele Schäden sind irreversibel.

Die wichtigsten Nährstoffe

Die wichtigsten Nährstoffe, Hauptnährstoffe genannt, sind Stickstoff (N) - zuständig für das Wachstum grüner Pflanzenteile -, Phosphat (P) - zuständig für die Blütenbildung - und Kalium (K) - zuständig für die Festigkeit des Gewebes. Nicht nur die Menge dieser Nährstoffe ist wichtig, sondern auch ihr ausgewogenes Verhältnis. Für die meisten Orchideen ist ein Verhältnis N:P:K von 2:1:3 ideal - also doppelt so viel Stickstoff wie Phosphor, Kali, idealerweise mehr als dreimal soviel wie Phosphor, aber weniger als doppelt so viel wie Stickstoff. Starke Abweichungen von diesem Verhältnis führen bei Dauereinsatz ebenfalls zu Kümmerwuchs bzw. anderen Schädigungen.

Orchideen düngt man am besten mit einem speziellen, handelsüblichen Orchideendünger in angegebener Dosierung oder, da sie sehr salzempfindlich sind, mit der halben Dosierung anderer Dünger. Hierfür eignet sich dann auch normaler Zimmerpflanzendünger. Für die Hungerkünstler unter den Orchideen reicht die Verwendung von Aquarien-, Dachrinnen-, oder Gartenteichwasser zur guten Nährstoffversorgung meist völlig aus.

IMMER MIT DER RUHE

Zwar ist mangelnde Düngung ein häufiger Grund für Nichtblühen und Kümmerwuchs, doch Überdüngung kann die Pflanze töten. Daher sollte immer mit Bedacht gedüngt werden.

WICHTIG ZU WISSEN

Unter den Orchideen gibt es keine extremen Starkzehrer, wenngleich *Cymbidium* schon als mäßiger Starkzehrer eingestuft werden kann. *Phalaenopsis* oder *Vanda* sind regelrechte Hungerkünstler, obgleich diese mit guter Nährstoffversorgung auch besser wachsen. Die meisten Orchideen sollten daher regelmäßig, aber mäßig gedüngt werden.

Organisch oder mineralisch?

Diejenigen Gärtner, die auch die größten Kartoffeln ernten, behaupten, den Pflanzen wäre es egal, in welcher Form sie ihre Nährstoffe erhalten. Darin liegt schon ein Körnchen Wahrheit verborgen, denn Pflanzen können nur Salze, also mineralische Nährstoffe, aufnehmen – jedoch keine organischen. Organische Dünger müssen erst durch Bodenlebewesen wie Bakterien und Pilze zersetzt werden, um die in ihnen enthaltenen Nährstoffe freizusetzen und damit für die Pflanze verfügbar zu machen. Das geht im Freiland ganz gut, kann aber im Topf bei nachlässiger Behandlung und durch Austrocknen des Substrates zu Lieferengpässen bei den Nährstoffen führen.

Mineralische Dünger sind dagegen rasch verfügbar, werden jedoch auch ebenso rasch wieder ausgewaschen. Außerdem führt bereits eine leichte Überdosierung sofort zu Verbrennungen bzw. durch die Wasser entziehende Wirkung zum Trockenstress für die Pflanzen. Große Nährstoffschwankungen von einer Düngung zur nächsten sind bei mineralischer Düngung normal. Um die Wirkung einer organischen Düngung zu erzielen, also den kontinuierlichen Fluss von Nährstoffen, müsste mineralische Düngung sehr gleichmäßig verabreicht werden, was in den modernen Orchideengärtnereien computergesteuert passiert. Ein weiterer Nachteil mineralischer Dünger ist, dass sie das Bodenleben vernichten – Versalzung und „Hunger" setzen ihm zu.

Es gibt Pflanzen, die eine unregelmäßige Nährstoffversorgung bzw. Versalzung mühelos ertragen, aber mit dem Bodenleben nicht zurechtkommen, da sie keine ausreichenden Abwehrmechanismen haben und von den Mikroorganismen gleich selbst mit abgebaut werden. Das sind etwa Pflanzen, deren Heimat mineralische Wüstenböden und Küstengebiete oder Felsfluren im Gebirge sind. Andere hingegen sind Bodenleben gewöhnt, ertragen aber weder Versalzung noch große Versorgungsschwankungen. Dazu gehören neben Wald- und Weidepflanzen auch alle Orchideen. Die meisten Orchideendünger sind daher organisch.

Dünger ist nicht gleich Dünger. Etwas Aufmerksamkeit bei der Auswahl bringt bessere Ergebnisse als ein x-beliebiger Dünger.

Nur gute Nährstoffversorgung garantiert üppigen Wuchs und reiche Blüte.

Gattungen und Gattungsgruppen

Orchideen bestimmen

Bei der Vielzahl an handelsüblichen Orchideen-Hybriden ist es meist unmöglich, den genauen Namen zu ermitteln, so man ihn nicht beim Erwerb der Pflanze erfährt. Und den korrekten Namen erfährt man üblicherweise nur, wenn man beim Orchideenfachgärtner kauft. Im Supermarkt am Eck ist die Chance hierfür aber gleich Null.
Für die meisten Orchideenfreunde reicht es meist völlig aus zu wissen, wie die Pflanze gepflegt werden muss. Und auch hier ist der korrekte Name der Schlüssel zum Erfolg. Meist reicht hierfür schon der Name der Gattung oder Untergattung.
Eine einfache Methode zum Identifizieren der Pflanze ist der Vergleich von Bildern, z. B. im Internet. Oft kommt man so wenigstens ungefähr zum Ziel. In manchen Fällen kann man sich aber auch arg täuschen. Man achtet zu sehr auf die Blüten, doch die wichtigen Details liegen oft ganz woanders verborgen. Aus diesem Grund verwenden Botaniker Bestimmungsschlüssel, die rasch und sicher zum Ziel führen. Da botanische Bestimmungsschlüssel aber für Laien oft unverständlich sind und manchmal mit der Lupe zu suchende Details abfragen, sind sie ausgesprochen unbeliebt.

Um die Bestimmung der Pflanzen zu erleichtern, soll hier aus diesem Grund ein Bestimmungsschlüssel geboten werden, der ohne übertriebenes Fachvokabular und ohne nur unter dem Mikroskop sichtbare Merkmale auskommt – und somit sicherer ans Ziel führt, als ein Bildervergleich. Der Schlüssel funktioniert so, dass jeweils mit einer Zahl versehene Merkmale oder Merkmalskombinationen genannt und mit derjenigen der mit * markierten Zahl verglichen werden. Erst nach dem sorgsamen Vergleich beider Merkmalskombinationen mit der Pflanze entscheidet man sich für den richtigen Punkt, der zum nächsten Zahl/Zahl*-Paar führt. Das geht so lange weiter, bis man sein Ziel erreicht hat.
Einzelne Sorten, die gerade „in Mode" sind, können allerdings auch anhand von Photos eindeutig identifiziert werden.

Bestimmungsschlüssel zu den wichtigsten Gruppen

Der hier gezeigte Schlüssel umfasst nicht nur die im Buch dargestellten Orchideen, sondern auch solche, denen man abseits von Spezialgärtnereien und Orchideenausstellungen in Blumenläden begegnen kann. Vergleichbare Merkmale sind durch Beistriche getrennt. Zusatzmerkmale ohne vergleichbares Gegenstück stehen hinter dem Punkt.

1 Blätter sehr bunt, mit farbigen Nerven **Juwelenorchideen**

1* Blätter grün bis rötlich, manchmal hell gefleckt, nie mit farbigen Nerven **2**

2 Pflanzen mit verdickten oberirdischen Sprossachsen (Pseudobulben) in Form verdickter Stängel oder eindeutiger Knollen **10**

2* Pflanzen ohne Pseudobulben **3**

3 Blätter scheinbar einzeln aus dem Substrat erscheinend; Blüten aus drei sichtbaren, miteinander verwachsenen Blumenblättern bestehend, die übrigen drei Blumenblätter winzig ***Masdevallia***

3* Blätter zu mehreren in Rosetten oder beblätterte oberirdische Sprosse bildend; Blüten aus fünf bis sechs deutlich sichtbaren Blumenblättern **4**

4 Sprosse lang gestreckt, mit deutlichem oberirdischem Stamm/Stängel, unbegrenzt wachsend (monopodial) **5**

4* Beblätterte oberirdische Sprosse gestaucht, rosettig, ohne deutlichen Stamm, oder Stängel vorhanden und mit deutlich begrenztem Wachstum (sympodial) **6**

5 Sprosse locker beblättert, kletternd **Vanille *(Vanilla)***

5* Sprosse gerade aufrecht **Tribus Vandeen *(Vandeae)***

6 Pflanze monopodial, Rosetten immer einzeln; Blätter dickfleischig; Blütenstand seitlich; mehrblütig; Blüten sechszählig; Lippe kleiner als die übrigen Blumenblätter **Malaienblume, Nachtfalterorchidee *(Phalaenopsis)***

6* Pflanze sympodial, Rosetten oder gestreckte Sprosse meist in Gruppen; wenn einzeln, dann in der Ruhezeit Blätter abwerfend; Blätter dünn, ledrig oder etwas fleischig; Blütenstand endständig (aus der Mitte der Rosette oder am Ende der beblätterten Sprosse); ein- oder mehrblütig **7**

7 Blüten durch Verwachsung zweier Blumenblätter scheinbar fünfzählig, Lippe schuhförmig; Pflanzen rosettig mit ledrig-fleischigen Blättern oder mit dünnen, deutlich längsgeäderten (rinnigen) Stängelblättern **Unterfamilie Schuhorchideen *(Cypripedioideae)***, siehe Extraschlüssel Seite 50

7* Blüten sechszählig, Lippe nicht schuhförmig; wenn rosettig, dann Blätter dünn und deutlich geädert **8**

8 Blätter ledrig; oberirdischer Spross oft etwas verdickt, dicht beblättert; Pflanze ohne unterirdische Knollen. Blüten in vielen Farben ***Epidendrum***

8* Blätter deutlich geädert, längsfaltig; oberirdischer Spross nie verdickt; Blätter mitunter in Rosetten, unterirdisch verdickte Rhizome oder Knollen. Blüten meist purpurfarben (bis weiß), seltener gelb oder braunrot **9**

9 Blätter im Winter einziehend; Lippe größer/gleich wie die übrigen Blumenblätter. **Japanorchidee *(Bletilla)***

9* Blätter mehr oder weniger immergrün, Lippe deutlich kleiner als die übrigen Blumenblätter ***Spathoglottis***

10 Pseudobulben meist einzeln oder alte Pseudobulben unbeblättert **11**

10* mehrere beblätterte Pseudobulben vorhanden **13**

11 Pseudobulben klein, knopf- bis flaschenförmig, maximal 3 cm hoch; je Neutrieb ein Blatt (selten zwei Blätter) und eine Blüte. **Tibetorchidee *(Pleione)***

11* Pseudobulben groß, bei blühfähigen Pflanzen mindestens 5 cm hoch, Neutriebe mehrblättrig, Blütenstand vielblütig **12**

12 Blühende Pflanzen meist blattlos bzw. Neutriebe gerade austreibend **Schönorchis *(Calanthe)***

12* Blühende Pflanzen immer beblättert ***Phaius* und -Hybriden**

13 Pseudobulben mindestens fünfmal so lang wie breit **14**

13* Pseudobulben weniger als fünfmal so lang wie breit **18**

14 Pseudobulben am oberen Ende mit ein bis zwei Blättern, deutlich sukkulent, hart, Blüten groß ***Cattleya* und -Hybriden**

14* Pseudobulben von unten bis oben gleichmäßig beblättert, oder Blätter am oberen Ende gehäuft, dann aber mindestens drei Blätter **15**

15 Pseudobulben maximal bleistiftdick, kaum als solche wahrnehmbar; Blüten klein, in einer kurzen, meist halbkugeligen endständigen Traube ***Epidendrum***

15* Pseudobulben deutlich erkennbar; Blüten in endständiger Traube oder in den Blattachseln ***Dendrobium*, 16**

16 Blüten in den Blattachseln ***Dendrobium-Nobile*-Gruppe**

16* Blüten in endständiger Traube **17**

17 Blüten groß, mindestens 3 cm im Durchmesser, Traube gestreckt ***Dendrobium-Phalaenopsis*-Gruppe**

17* Blüten klein, höchstens 3 cm im Durchmesser, Traube gestaucht ***Dendrobium-Kingianum*-Gruppe**

18 Pseudobulben gleichmäßig beblättert, Blätter grasartig; Pseudobulben eiförmig ***Cymbidium***

18* Pseudobulben an der Spitze und mitunter an der Basis beblättert, großteils aber ohne Blattansätze/Augen **19**

19 Pseudobulben eiförmig und an der Spitze mit zwei Blättern; Blüten weiß ***Coelogyne***

19* Pseudobulben seitlich abgeflacht **20**

20 Pseudobulben an der Spitze mit zwei Blättern; Lippe in der Blüte oben ***Encyclia cochleata***

20* Blätter an Spitze und Basis der Pseudobulben; Lippe in der Blüte unten **21**

21 Blätter flach, mit mehreren deutlichen Adern, die kleinen Pseudobulben oft großteils verdeckend; Blüten grün bis braun, Lippe weiß bis violett ***Zygopetalum***

21* Blätter in der Mitte gekielt (im Querschnitt flach bis deutlich V-förmig), sonst ohne deutliche Adern; Pseudobulben meist deutlich erkennbar; Blüten in vielen Farben ***Oncidiinae***

Benötigte Fachausdrücke für den Schlüssel finden Sie ab Seite 17 im Kapitel „Aufbau einer Orchidee“ erklärt.

Frauenschuh-ähnliche – verwirrende Vielfalt

Dass alle Frauen Schuhe sammeln, ist ein weit verbreitetes Vorurteil. Andererseits haben alle Schuhfetischistinnen in Venus ein Vorbild: Je nach Auffassung 62 bis über 100 unterschiedliche Modelle, Arten genannt, zählt die nach ihr benannte Gattung Venusschuh *(Paphiopedilum)*. Ein Irrtum muss aber gleich zu Beginn aufgeklärt werden: Die oft zu hörende Bezeichnung Frauenschuh ist falsch! Die Frauenschuh-Gattung *(Cypripedium)* mit etwa 50 Arten ist lediglich die namensgebende der Unterfamilie und besteht aus sommergrünen, meist winterharten Arten. Die Gattung Venusschuh dagegen ist immergrün und im tropischen asiatisch-indopazifischen Raum verbreitet. Die wissenschaftlichen Namen beziehen sich allerdings beide auf Venus, die mit anderem Namen Kypris heißt, also auch die Göttin von Paphios ist – das heißt noch weitere 50 Schuhmodelle für Venus! Die schuhartig geformte Lippe ist übrigens typisch für die ganze Unterfamilie. Bei dieser Vielfalt kann man leicht zum Schuhsammler werden. Auch preislich reicht das Spektrum vom Billigschuh bis zum Designerschuh. Und wer ihnen gänzlich verfallen ist, dem bieten die Sondermodelle des Riemen(frauen)schuhs *(Phragmipedium)* für feuchte Pflege die ideale Ergänzung.

Schuhorchideen zählen zu den bekanntesten Vertretern der Familie.

Paphiopedilum Maudiae ist eine alte Hybride aus dem 19. Jahrhundert, die noch immer im Handel ist.

Typisch geflecktes *Sigmatopetalum*-Blatt.

Bestimmungsschlüssel

1 Laubblätter sommergrün, dünn, mit deutlich hervorspringenden Blattnerven **Frauenschuh *(Cypripedium)***

1* Laubblätter immergrün, fleischig oder zumindest ledrig, ohne deutliche Nerven **2**

2 Pflanzen ein- (bis zwei-)blütig **3**

2* Pflanzen mehrblütig **7**

3 Laubblätter deutlich gefleckt **4**

3* Laubblätter grün bis undeutlich gefleckt, unterseits grün **6**

4 Laubblätter grob hell gefleckt, unterseits grün; Blüten mit schmalen, nicht überlappenden Blumenblättern; Grundfarbe grünlich bis bräunlich; oberes Blumenblatt gestreift **Venusschuh *(Paphiopedilum)*, Untergattung *Sigmatopetalum***

4* Laubblätter fein hell gefleckt, unterseits grün bis violett; Blumenblätter meist überlappend, breit oder sehr klein **5**

5 Blumenblätter immer stark überlappend, Blütenform daher rundlich bis dreieckig; Grundfarbe weißlich, meist purpurfarben gepunktet bis gefleckt; Neutriebe niemals ausläuferartig verlängert **Venusschuh *(Paphiopedilum)*, Untergattung *Brachypetalum***

5* Blumenblätter am Grunde meist überlappend, wenn gefleckt, dann Grundfarbe grünlich bis gelb; Neutriebe häufig ausläuferartig verlängert **Venusschuh *(Paphiopedilum)*, Untergattung *Parvisepalum***

6 Blumenblätter stark überlappend, Blütenform rund **Venusschuh *(Paphiopedilum)*, Komplexhybriden**

6* Blumenblätter nicht überlappend, Blumenblätter schmal **Venusschuh *(Paphiopedilum)* Untergattung *Paphiopedilum***

7 alle Blüten gleichzeitig geöffnet; Blumenblätter schmal, meist gestreift, seitliche meist verlängert **Venusschuh *(Paphiopedilum)*, Untergattung *Polyantha***

7* Revolverblüher (Blüten nach und nach öffnend), meist nur 1-2 Blüten je Blütenstand gleichzeitig geöffnet **8**

8 Laubblätter stumpf; seitliche Blumenblätter meist kurz, bei Hybriden mitunter verlängert **Venusschuh *(Paphiopedilum)*, Untergattung *Cochlopetalum***

8* Laubblätter spitz **9**

9 Blüten leuchtend bunt, seitliche Blumenblätter kaum verlängert; Neutriebe häufig verlängert **Riemenschuh *(Phragmipedium)*, Untergattung *Micropetalum* (inkl. *Schluckebieria*)**

9* Blüten grünlich-bräunlich, seitliche Blumenblätter etwas bis stark verlängert; Neutriebe nicht verlängert; Pflanzen großwüchsig **Riemenschuh *(Phragmipedium)*, Untergattung *Phragmipedium***

Venusschuh

Viele Venusschuhe *(Paphiopedilum)* gehören nach den Malaienblumen *(Phalaenopsis)* zu den einfacher zu haltenden Zimmerorchideen. Andere sind dagegen sehr empfindlich und daher nur für Spezialisten geeignet.

Die Blütenfarben der Venusschuhe, von Orchideenliebhabern meist kurz Paphios, Paphs, oder liebevoll „Papherln“ genannt, sind oft bräunlich oder grünlich; reine, klare Farben sind selten. Gemeinsam sind ihnen zwei Dinge: Das Substrat darf nie austrocknen, aber auch nicht dauerfeucht gehalten werden. Und sie müssen regelmäßig alle ein bis zwei Jahre umgesetzt werden. In verdichtetem Substrat sterben die Wurzeln sehr rasch ab, ohne dass die Pflanze oberirdisch erkennbare Störungen zeigt. Sind die Wurzeln aber erst einmal abgestorben und zeigen sich erste oberirdische Welkeerscheinungen, gibt es keine Rettung mehr. Pflegefehler führen oft auch zur Bildung vieler kleiner Nebentriebe, parallel dazu verkümmern die Haupttriebe.

Venusschuh-Komplexhybride

Paphiopedilum micranthum

HÄUFIGE FEHLER

Kardinalsfehler in der *Paphiopedilum*-Pflege sind zu seltenes Umsetzen und zu häufiges Gießen. Ersteres führt zu Wurzelfäulnis, die man oberirdisch erst bemerkt, wenn es zu spät ist. Letzteres führt zu starker Verzweigung, d.h. vielen kleinen Nebenrosetten. Solche Pflanzen blühen praktisch nie. Bei viel zu viel Wasser kommt es jedoch zur Wurzelfäulnis, ebenso wie bei versäumtem Umsetzen.

Licht: unterschiedlich - siehe bei den Untergattungen
Temperatur: unterschiedlich - siehe Untergattungen
Substrat: Lockeres, aber nicht zu grobes Orchideensubstrat; eine Mischung aus Rindenmulch, Sphagnum (30-40%) und Eichenstubbenholz ist gut geeignet. Auch die meisten handelsüblichen Orchideenerden können Verwendung finden. Bei weniger als 10° KH des Gießwassers muss bei fast allen Untergattungen entweder dem Substrat Kalkgrus zugesetzt werden oder es wird zwei- bis dreimal jährlich die Substratoberfläche mit etwas kohlensaurem Kalk bestäubt und dieser anschließend mit Gießwasser eingeschwemmt.
Feuchtigkeit: Das Substrat darf weder nass sein noch völlig austrocknen. Es soll mildfeucht sein und zwischen zwei Gießgängen etwas antrocknen dürfen. Je nach Temperatur und Luftfeuchtigkeit wird ein- bis dreimal wöchentlich gegossen.
Düngung: Im Sommerhalbjahr alle zwei Wochen, im Winterhalbjahr monatlich je nach Wachstum und Pflanzengröße mit halber bis normaler Orchideendüngerkonzentration, bzw. viertel bis halber Blumendüngerkonzentration. Paphiopedilen sind sehr salzempfindlich.
Umtopfen: Die meisten Untergattungen sollten jährlich umgetopft werden, langsamwüchsige alle zwei Jahre, was dem maximalen Zeitraum bis zum nächsten Umsetzen für alle Venusschuhe entspricht.

WICHTIG ZU WISSEN

Eine Besonderheit vieler Venusschuhe ist, dass sie bei zu kalkarmem Wasser eine Beigabe von festem Kalk ins Substrat benötigen. Ausgenommen davon ist lediglich die Untergattung Parvisepalum, deren Vertreter Kalkflieher sind. Gedüngt wird wie bei den meisten Orchideen sparsam, etwa alle zwei bis drei Wochen im Sommerhalbjahr, im Winter alle vier bis acht Wochen - je nach Helligkeit und Temperatur.

Sigmatopetalum - gefleckt-blättrige Einzelblüher

Die Arten und Hybriden der artenreichsten Untergattung *Sigmatopetalum* waren einst am häufigsten in Zimmerkultur zu finden. Auch einige der reinen Arten, etwa *Paphiopedilum barbatum, P. callosum* oder *P. venustum*, eignen sich fürs Blumenfenster.
Eine sehr berühmte alte Hybride, die noch immer im Handelssortiment angeboten wird, ist *P. Maudiae* mit weiß-grünen (Maudiae-Typ) bis schwarzpurpurfarbenen Blüten (Vinicolor-Typ). Typisch für die Arten und Hybriden der Gruppe sind die dunkle Äderung des obersten Blumenblattes und hell gefleckte Laubblätter. Erwähnenswert sind noch *P. sukhakulii* und *P. wardii* mit stark vergrößerten seitlichen Blumenblät-

tern, die diese Eigenschaft vielen Hybriden weitergeben.
Licht: Halbschattig bis hell ohne direkte Sonne, Ausrichtung allgemein Nordwest-Nord-Nordost, am Zimmerfenster auch Westen und Osten.
Temperatur: Warm-temperiert; die Tagestemperatur sollte im Sommer 20 °C, im Winter 18 °C, die Nachttemperatur 16 °C nicht unterschreiten. Direkte Sonne wird auch hinter Fenstern schlecht vertragen, da 28 °C möglichst selten überschritten werden sollten.
Substrat: siehe Gattung
Feuchtigkeit: siehe Gattung
Düngung: siehe Gattung, eher am unteren Limit
Umtopfen: jährlich

Paphiopedilum – grünblättrige Einzelblüher

Die typische Untergattung Paphiopedilum enthält sehr unterschiedliche Pflanzen mit einfarbigen, gefleckten, oder durch einen Mittelstreifen gekennzeichneten, selten ge-äderten oberen Blumenblättern. Diese Orchideen wurden früher am häufigsten für Kreuzungen herangezogen und sind wichtige Elternteile der Komplexhybriden.
Für die Hybridzüchtung besonders wichtig waren *P. insigne*, *P. spicerianum* und *P. villosum*. In den letzten Jahren wurden Hybriden von *P. charlesworthii* beliebt, die von dieser Art das stark vergrößerte obere Blumenblatt in meist kräftigem Rosa geerbt haben.
Licht: Auch diese Arten mögen Sonne bzw. hohe Temperaturen nicht besonders, vertragen aber etwas mehr davon. West über Nord bis Ost ist die ideale Fensterausrichtung.
Temperatur: Tagsüber über 18 °C, nachts kann die Temperatur bis etwa 14 °C absinken. Temperaturen über 28 °C für längere Zeit wirken sich meist ungünstig aus. Einzelne Arten halten im Winter recht niedrige Temperaturen bis unter 10 °C aus, etwa *P. insigne*.
Substrat: siehe Gattung
Feuchtigkeit: siehe Gattung
Düngung: siehe Gattung
Umtopfen: jährlich

Venusschuh war eine der ersten Orchideengattungen, die man als für die Zimmerkultur geeignet erkannte.

Paphiopedilum-Charlesworthii-Hybride

Cochlopetalum – die Revolverblüher

Recht artenarm ist die Untergattung *Cochlopetalum*. Dennoch hat sie im letzten Jahrzehnt an Beliebtheit stark zugenommen. Das Problem der Venusschuhe ist es ja, dass sie im Gegensatz zum Dauerbrenner *Phalaenopsis* nur einmal jährlich blühen. Mit den Revolverblühern erreicht man jedoch deutlich verlängerte Blütezeiten, bei sehr guter Kultur mitunter sogar eine ganzjährige Blüte.

Durchwegs im Standardsortiment zu finden ist *Phalaenopsis* Pinocchio. Beliebt geworden sind auch Hybriden zwischen *Cochlopetalum* und *Brachypetalum*.

Licht: Sie benötigen mehr Licht und vertragen auch Sonne. Sie sind am besten am West- oder Ostfenster aufgehoben, fühlen sich aber auch am Südfenster ganz wohl.

Temperatur: Im Sommer soll die Temperatur nicht unter 20 °C, im Winter nicht unter 18 °C fallen.

Substrat: siehe Gattung, mögen auch gröberes Substrat

Feuchtigkeit: siehe Gattung

Düngung: siehe Gattung, vertragen oberes Limit

Umtopfen: In der Blühpause, möglichst jährlich, dauerblühende Pflanzen werden nur alle zwei Jahre umgepflanzt.

Mehrblütigkeit und Dauerblüte sind die Zuchtziele in der Gattung.

Paphiopedilum Pinocchio

Polyantha – die Vielblütigen

Die Blüten der Untergattung Polyantha öffnen sich nahezu gleichzeitig. Diese können sehr groß werden, beim teuren *P. rothschildianum* bis zu 30 cm im Durchmesser. Dabei blüht diese gar nicht so schwierig zu kultivierende Art unter guten Bedingungen nur etwa alle drei Jahre. Um diesen Makel zu beheben, wurden zahlreiche Hybriden mit kleinblütigeren Arten gezogen, die aber auch nicht immer sehr blühfreudig sind. Im Standardsortiment sind nach wie vor eher wenige Hybriden dieser Untergattung zu finden. In den letzten Jahren waren es allerdings verstärkt Hybriden von obiger und vor allem von *P. philippinense*, die ihren Weg auch in gewöhnliche Gartencenter und sogar Supermarktregale fanden. Deren Blätter sind rein grün und recht steif.

Paphiopedilum-Polyantha-Hybride

Licht: Sie können einiges an Sonne ertragen und fühlen sich auf Fensterbrettern mit West-, Süd- bis Ostausrichtung wohl. Wurden andere, schattenliebendere Arten eingekreuzt, ist ein West- oder Ostfenster vorzuziehen, *P. rothschildianum* wünscht Südlage. Wer sich mit den selteneren Arten der Untergattung beschäftigen möchte, wird auch auf schattenliebende Arten stoßen.
Temperatur: Keine der Arten liebt Temperaturen unter 20 °C. Schon kurze kalte oder trockene Perioden werden übelgenommen.
Substrat: siehe Gattung, verträgt gröberes Substrat
Feuchtigkeit: siehe Gattung
Düngung: am oberen Limit der Gattung
Umtopfen: Alle zwei Jahre - das entspricht in etwa dem Blührhythmus der Hybriden und dem Bedürfnis nach ungestörten Wachstumsbedingungen.

Brachypetalum - die Runden

Etwas für Spezialisten sind die Arten der Untergattung *Brachypetalum*. Sie mögen es eher warm und etwas sonnig. Im Zimmer sind sie aber kaum blühfreudig. Aufgrund ihrer weißen, meist dunkelpurpurn gefleckten Blüten von sehr schöner Form, wurden sie häufig zur Hybridzüchtung verwendet. Zahlreiche der Kreuzungsprodukte, vor allem mit Revolverblühern, sind heute leicht erhältlich.

Diese meist 2-3-blütigen Hybriden fühlen sich am West- oder Ostfenster und sogar in Südlagen bei Temperaturen ab 18 °C wohl. Wer sich mit diesen Arten näher beschäftigen möchte, wird in der Regel höhere Preise zahlen müssen, sich seltener an Blüten erfreuen und muss für eine ausreichende Kalkzufuhr sorgen. Außerdem benötigen sie eine winterliche Ruhezeit bei etwas trockeneren und kühleren (16-18 °C) Bedingungen. Diese Arten sind auch wichtige Elternteile der Komplexhybriden.

IMMER MIT DER RUHE

Nicht wieder zur Blüte gelangende Orchideen sind für Einsteiger ein Ärgernis. Bei vielen Venusschuhen aber kein Zeichen falscher Pflege.
Bei Sorten mit mehreren gleichzeitig erscheinenden Blüten sowie bei solchen mit großen und runden Blüten (Komplexhybriden) kann man auch bei bester Pflege nur etwa alle drei Jahre mit Blüten rechnen.

Paphiopedilum-Brachypetalum-Hybride

Paphiopedilum-Parvisepalum-Hybride

mehrere Zentimeter von den alten Rosetten entfernt an unterirdischen „Ausläufern“ erscheinen. Diese Arten sind sehr lichtbedürftig, mögen es warm - mindestens 20 °C -, wobei aber viele von ihnen, vor allem die „Ausläufer“ treibenden Arten, einen kalten Winterstandort bei etwa 12 - 18 °C tagsüber und 5 - 14 °C nachts benötigen.

Komplexhybriden

Hierbei handelt es sich um Hybriden, die besonders in den 70er- und 80er-Jahren beliebt waren. Der Name Komplexhybriden bedeutet, dass es sich nicht einfach um Kreuzungen einzelner Arten handelt, sondern um Hybriden, deren Eltern und Großeltern ebenfalls Hybriden waren. Aus diesem Grund können dutzende Arten an einer Komplexhybride beteiligt sein - meist sind es im Endeffekt aber nur eine Handvoll Arten, die mehrfach als Eltern in Erscheinung treten.

Die teilweise riesigen, runden Blüten, deren Form von *Brachypetalum*, das Farbspiel aber von Vertretern der Untergattung *Paphiopedilum* stammt, sind zwar prächtig, die Pflanzen am Blumenfenster aber sehr empfindlich und ausgesprochen blühfaul. Kein Wunder, dass sie in den letzten Jahren kaum mehr gehandelt wurden.

Doch seit einiger Zeit tauchen sie wieder verstärkt im Handel auf. Sie benötigen warme Bedingungen und höhere Luftfeuchtigkeit, vertragen aber weder Sonne noch eine Ruhezeit. Trotz der leichten Verfügbarkeit

Parvisepalum - die Speziellen

Ebenfalls wesentlich beteiligt an den Komplexhybriden war *Paphiopedilum delenatii*, ein wärmeliebender Vertreter der Untergattung *Parvisepalum*. Seine klar reinrosafarbenen Blüten erregten großes Aufsehen. Ähnliche Aufregung verursachten das knallgelbe *P. armeniacum* sowie das beige bis apfelgrüne *P. malipoense* und *P. micranthum* mit einem überproportionalen rosa Schuh. Inzwischen sind einige weitere Arten beschrieben worden.

Viele Vertreter der Gattung sind nur in flachen Schalen kultivierbar, da ihre Neutriebe

WICHTIG ZU WISSEN

Die Arten der Untergattung *Parvisepalum* sind alle kalkfeindlich.

Sie sind sicher nichts für ein durchschnittliches Blumenfenster, aber einige sehr schöne, einfacher zu ziehende Hybriden kann man bereits, wenn auch meist noch etwas abseits des Standardsortiments, entdecken.

IMMER MIT DER RUHE

Wer „irrtümlich“ eine Komplexhybride erstanden hat, braucht nicht gleich das Handtuch zu werfen. Schließlich haben sie auch Vorteile: Bei keiner anderen Venusschuh-Gruppe halten die Blüten auch nur annähernd so lange.

Phragmipedium St. Ouen

sei dem Anfänger dringend von Komplexhybriden abgeraten. Zwischen zwei Blüten vergehen oft drei Jahre.

Licht: absonnig, aber hell, Nordwest bis Nordost.

Temperatur: ganzjährig 18-25 °C

Substrat: siehe Gattung

Feuchtigkeit: siehe Gattung

Düngung: siehe Gattung

Umtopfen: siehe Gattung

Phragmipedium – der Riemenschuh

Dem Venusschuh sehr ähnlich ist der Riemen(frauen)schuh *(Phragmipedium)*. Im Gegensatz zu ihren asiatischen Verwandten bewohnt die südamerikanische Gattung feuchtere Standorte. Dementsprechend müssen die Pflanzen immer feucht gehalten werden, ja sie dürfen sogar zeitweise im Wasser stehen. Normales Gießen wie beim Venusschuh führt zwar auch zu Wachstum, die Pflanzen bleiben aber blütenlos. Auch hohe Temperaturen mögen die Berglandpflanzen nicht. Die Gattung ist revolverblütig – es sind nur ein bis zwei Blüten gleichzeitig geöffnet – doch kann vor allem bei den Hybriden ein Blütenstand bis zu ein Jahr lang immer wieder blühen. Verblühte Blüten fallen ab bevor sie welken.

Die Gliederung der Gattung in Untergattungen ist aus meiner Sicht völlig unbefriedigend, weswegen ich hier nur kleine bunte und großwüchsige braun-grünblütige Arten unterscheide, was wohl auch der natürlichen Gliederung der Gattung näherkommt. Die kleinen bunten Arten zeigen knallige Farben. Lange vor dem violettrosafarbenen *Paphiopedilum delenatii*, dem ersten bekannten bunten Venusschuh, kam bereits im 19. Jahrhundert das violettrosafarbene *Phragmipedium schlimii* nach Europa. Großwüchsige Arten beeindrucken mitunter durch ihre bis zu einen Meter langen, seitlichen Blumenblätter. Ein Beispiel ist das schon früh nach Europa gelangte *P. caudatum*.

Riemenschuhe sind neu im Standardsortiment.

Züchtungsprobleme

Unter solchen Voraussetzungen erscheint es erstaunlich, dass die Gattung in der Züchtung zunächst bedeutungslos blieb. Doch muss man zweierlei wissen: Erstens wurden die Pflanzen lange nicht vom Venusschuh unterschieden und Kreuzungsversuche mit diesem misslangen. Zweitens gibt es auch bei der Kreuzung innerhalb der Gattung *Phragmipedium* Probleme, da die Arten unterschiedlichste Chromosomenzahlen haben und ihre Hybriden daher meist steril sind, also nicht weitergezüchtet werden können. Aus diesem Grund gibt es zwar einige alte Arthybriden, aber damit war die Züchtung bereits am Ende, bis – ja bis in den 80er-Jahren eine weitere bunte kleinblütige Art entdeckt wurde: *P. bessae* mit knallig orangeroten Blüten. Damit begann das Interesse an der Gattung wieder aufzuleben. Aufwändige Forschung zur Überwindung der Kreuzungsbarrieren wurde betrieben: Durch die Verdoppelung der Chromosomensätze konnten plötzlich viele Kreuzungen weitergekreuzt werden und der Weg zu komplexeren Hybriden war frei. In der Zwischenzeit wurden weitere farbenprächtige Arten entdeckt, eine orangerote und eine violette, deren Entdeckung und wissenschaftliche Beschreibung in unserem Jahrtausend einer echten Schmuggler-Kriminalstory gleichkommt, welche sogar die Justiz auf den Plan rief.

Bunte Schuhe

In unserem Jahrtausend gelangten zahlreiche neue Hybriden ins Standardsortiment, aus dem sie inzwischen nicht mehr wegzudenken sind. Noch vor 15 Jahren war die Gattung lediglich Spezialisten ein Begriff und sie fehlte in jedem Orchideenbuch für Einsteiger. Weniger häufig erhältlich und hochpreisig sind bis heute die großen Arten. Kreuzungen zwischen den Gruppen sind häufig, werden aber je nach Größe einer der beiden Gruppen zugeschlagen. Genau in der Mitte sind nur einige alte Hybriden aus dem 19. Jahrhundert wie *P.* Sedenii und *P.* Ainsworthii.

Einige kleine Arten haben sich an ihren natürlichen Standorten an Substrat angepasst, das mit der Zeit an Höhe zunimmt – wachsendes Moos, den Fuß rutschender Hänge, eine immer höher werdende Laubstreuschicht. Im Topf wachsen sie daher immer in die Höhe und müssen jährlich tiefer gesetzt werden.

Biopiraterie

1981 entdeckten die Botaniker Joe Haiton und Libby Besse von den Marie Selby Botanical Gardens aus einem Hubschrauber nahe Tarapoto in Peru an einem Steilhang knallig orange blühende Pflanzen. Vom Boden aus stellten sie sich als Orchideen der Gattung *Phragmipedium* heraus.

Noch im selben Jahr wurde die Art als *P. besseae* beschrieben und als Sensation in Kultur genommen. In den 80er-Jahren war die Pflanze eine der teuersten Orchideen. Leider gab es sehr viele illegale Plünderungen von Naturstandorten, die die Art nur aufgrund ihres Lebensraumes – rutschende Steilhänge – in der Natur überleben konnte.

Am 5. Juni 2002 wurde dem US-Amerikaner Michael Kovach in Peru eine bislang unbekannte, spektakulär violett-rosa blühende Art von Einheimischen verkauft. Illegal, ohne für Orchideen benötigte Aus- und Einfuhrgenehmigungen, brachte er sie in die USA an die Marie Selby Botanical Gardens in Florida, wo die Art ihm zu Ehren als *P. kovachii* beschrieben wurde. Für Michael Kovach und den Botanischen Garten hatte das strafrechtliche Konsequenzen wegen Biopiraterie, für den Botanischen Garten auch personelle.

Eine Beschreibung der Art von seriösen Wissenschaftlern mit legalem Material als *P. peruvianum* erschien zwei Wochen später und ist daher ungültig.

In diesem Sinne lohnt sich Verbrechen leider doch. M. Kovach ist für immer ein namentliches Denkmal gesetzt. Um Plünderungen wie bei *P. bessae* zu vermeiden erlaubte die peruanische Regierung einer Orchideengärtnerei das legale Sammeln von fünf Pflanzen, aus denen ein Kulturstamm aufgebaut wurde, der legal ausgeführt werden darf.

Licht: Viel Licht, doch Schutz vor Sonnenwärme; West- oder Ostausrichtung; Nur *P. bessae* und einige ihrer Hybriden gedeihen am Nordfenster. Südfenster sind wegen Hitzegefahr zu meiden. Ein Sommeraufenthalt am Teichrand in schlagschattiger Lage ist empfehlenswert.

Temperatur: Die Temperatur sollte 25 °C nicht länger überschreiten und nachts möglichst deutlich unter 20 °C liegen.

Die Tagestemperatur darf 16 °C, die Nachttemperatur 12 °C nicht unterschreiten.

Substrat: Das Substrat darf bis zu 50 % Sphagnum oder bis zu 1/3 Weißmoostorf enthalten, wenn die restlichen Bestandteile nicht Wasser haltend und strukturstabil sind (Kiefernrinde, Blähton etc.).

Feuchtigkeit: Immer feucht halten; bei Hitzeperioden und im Wachstum den Topfboden bis zu 1 cm ins Wasser stellen.

Düngung: Bei jedem dritten Gießen mit Orchideendünger düngen.

Umtopfen: Jährlich! (rascher Substratabbau durch Nässe)

Phragmipedium-Bessae-Hybride

Phragmipedium Grande

Auch Riemenschuhe sind sehr vielfältig.

Phragmipedium Ainsworthii

Phragmipedium, großwüchsige Gruppe

Vanille - Kapsel mit Geschmack

Die Echt- oder Bourbon-Vanille *(Vanilla planifolia)* ist lediglich eine von etwa 100 Arten der Gattung *Vanilla*. Es handelt sich bei dieser weltweit in den tropischen und subtropischen Gebieten verbreiteten Gattung um Lianen - eine rare Lebensform unter den Orchideen. Die Echt-Vanille stammt aus Westindien, Mittelamerika und dem nördlichen Südamerika. Kultiviert wird sie in den gesamten Tropen, besonders auf Madagaskar.

WICHTIG ZU WISSEN

Eine Besonderheit der Vanille sind ihre kurzlebigen Blüten, die je nach Art nur wenige Stunden bis Tage geöffnet sind. Wie bei den meisten Orchideen sind auch die verschiedenen Vanille-Arten eng an bestimmte Bestäuber gebunden. Das macht es erforderlich, dass die Blüten der Echt-Vanille in den Plantagen außerhalb ihres natürlichen Verbreitungsgebietes händisch bestäubt werden. Auch im natürlichen Verbreitungsgebiet ist die Handbestäubung die sicherste Methode, um eine gute Ernte sicherzustellen. Das ist der hauptsächliche Grund, warum echte Vanille so teuer ist. Deswegen wird heutzutage üblicherweise billiges, chemisch erzeugtes Vanillin in der Küche verwendet.

Küchenbotanik

Geerntet werden die unreifen Früchte. Es handelt sich um Kapseln, auch wenn sie aufgrund ihrer langen Form „küchenbotanisch" zu unrecht Schoten genannt werden. Die Kapseln werden fermentiert, gequetscht und erst anschließend getrocknet. Um das Aroma, an dem nicht nur Vanillin beteiligt ist, zu extrahieren, hat sich Zucker

Vanilla planifolia

bestens bewährt. Echter Vanillezucker ist daher tatsächlich von besserem Aroma als reiner Vanillinzucker.

In letzter Zeit ist die Echt-Vanille vermehrt im Handelsangebot als Zimmerpflanze zu finden. Wer jedoch auf eine ertragreiche Ernte hofft, wird enttäuscht werden. Zwar ist die Pflanze bei ausreichendem Lichtangebot durchaus einfach zu ziehen, doch Blüten sind selbst in botanischen Gärten rar. Ein vollsonniger Standort ist vonnöten, damit an den mindestens 3 m langen Trieben Blüten ansetzen können. In warmen, vollsonnigen Wintergärten können möglicherweise alte Pflanzen Blüten ansetzen. Besser betrachtet man die tropischen Orchideen einfach als Blattschmuckpflanzen, ähnlich wie *Philodendron* & Co.

Licht: Volle Sonne, also am Südfenster; im Glashaus mittags Beschattung zum Schutz vor Verbrennungen; zusätzliches Kunstlicht (z. B. HQL) kann die Blütenbildung unterstützen; als Blattpflanze reicht ein West- oder Ostfenster.

Temperatur: Warm, tagsüber nicht unter 20 °C, nachts nicht unter 18 °C.
Substrat: Bewährt hat sich Substrat mittlerer Körnung aus etwa 80 % strukturstabilem Material (Rinde, Blähton, Kokosfasern) und 20 % Sphagnum oder Weißmoostorf. Auch die Verwendung von Blumenerde kann erfolgreich sein.
Feuchtigkeit: Nie austrocknen lassen, aber der Topf soll bis zum nächsten Gießen leichter werden; Gießwasser sollte kalkarm sein, Regenwasser bevorzugen
Düngung: Frühjahr/Sommer bei jeder zweiten, Herbst/Winter bei jeder dritten Wassergabe Blattpflanzen- oder Zimmerpflanzendünger in voller Konzentration.
Umtopfen: Jungpflanzen alle zwei Jahre, später nicht mehr umpflanzen, sondern in einen großen Übertopf stellen, wo die Luftwurzeln abfließendes Wasser aufnehmen können.

Juwelenorchideen – Blattschmuck

Als Juwelenorchideen bezeichnet man eine Gruppe von Orchideen, die durch bunt gefärbte Blätter auffällt, aber recht unscheinbare Blüten besitzt. Sie gehören in die botanischen Subtribus Goodyerinae, die von der subarktischen Taigaregion bis in die Tropen vorkommt. Mit dem Gewöhnlich-Netzblatt *(Goodyera repens)* ist in unseren Fichtenwäldern auch eine heimische Art vertreten. Als Juwelenorchideen bezeichnet man jedoch nur die besonders bunten Vertreter unterschiedlicher Gattungen tropischer Regionen. Gemeinsam mit dem heimischen Netzblatt ist ihnen das Vorkommen in extremen Schattenlagen. Die Blattfärbung sowie Samt- und Glanzeffekte stellen Anpassungen an diesen Lebensraum dar. Streuung und Reflexion der zur Photosynthese nötigen Wellenlängenbereiche des Lichtes und glänzende Sammellinsen sind unterschiedliche Formen der Restlichtverstärkung, die hier häufig in einer Pflanze vereint auftreten.

Die Pflegeansprüche der Juwelenorchideen sind bis auf den Lichtbedarf recht unterschiedlich. Neben einfach zu pflegenden Arten gibt es auch extrem heikle. Im Standardsortiment sind mindestens zwei Farbformen von *Ludisia discolor* zu bekommen, daneben kann man bei Ausstellungen und Fachhändlern gelegentlich *Macodes petola* ergattern. Die folgenden Pflegehinweise beziehen sich daher nur auf diese beiden Arten! Bei *Ludisia discolor* schlucken schwarzgrüne Blätter das Licht. Eine samtig-rötliche Blattoberfläche streut rotes Restlicht, eine rote Blattunterseite spiegelt durch das Blatt fallendes Rotlicht zurück ins Blattinnere. Die roten Blattnerven leiten Rotlicht zu den Zellen, wo es für die Photosynthese gebraucht wird. Bei *Macodes petola* werden die dunklen Blätter von einem Netz aus leistungsstarken hellen Sammellinsen durchzogen.

Nicht alle Orchideen werden der Blüten wegen kultiviert.

Ludisia discolor

Ludisia discolor

HÄUFIGE FEHLER

Juwelenorchideen werden meist nicht im Orchideensortiment, sondern im „normalen“ Zimmerpflanzensortiment geführt. In gewöhnlicher Blumenerde wachsen sie anfangs gut, gehen aber nach einiger Zeit meist trotz Umsetzens oft aus unbekannten Gründen ein. Besser geeignet ist feines Orchideensubstrat bzw. ein Torf(-moos)-Rinden-Gemisch.

Licht: Keine Sonne! Am besten Nordfenster oder im Rauminneren.

Temperatur: Warm, ab 20 °C, gelegentlich werden auch 18 °C vertragen.

Substrat: Torfhaltige Blumenerde oder reiner Weißmoostorf möglich, besser fein zerriebenes Sphagnum oder Weißmoostorf mit bis zur Hälfte feiner Rinde vermischen.

Feuchtigkeit: Immer frisch bis feucht halten, darf nicht austrocknen; möglichst kalkarmes Gießwasser verwenden.

Düngung: Etwa alle zwei Wochen Orchideendünger oder halbkonzentrierter Zimmerpflanzendünger.

Umtopfen: Etwa alle zwei Jahre; breite, flache Töpfe/Schalen sind wegen des flachen Wuchses zu bevorzugen.

Coelogyne – ideal für Anfänger

Die Gattung *Coelogyne* zählt über hundert Arten, die sich in ihren Pflegeansprüchen und der Gestalt sehr unterscheiden. Sie dürfte auch stammesgeschichtlich keine Einheit darstellen. Im Standardsortiment spielt die Gattung keine Rolle, aber *C. cristata* war als „Anfängerorchidee“ früher häufig an Blumenfenstern zu finden. Sie wanderte als Ableger von Nachbar zu Nachbar. Doch in den letzten zwei Jahrzehnten verschwand sie fast völlig aus den Wohnungen und viele Orchideenfreunde klagen darüber, dass sie nie zur Blüte kommt. Der Hauptgrund hierfür sind wohl überheizte Räume. Um die reiche, angenehm duftende Blüte im Spätwinter genießen zu können, ist ein kühler Winterstandort vonnöten.

Licht: Sonnig, südseitig; Freilandaufenthalt von Frühjahr bis Herbst vorteilhaft, dann allmählich an die Sonne gewöhnen, in heißen Gegenden vor praller (Mittags-) Sonne schützen.

Temperatur: Frostfrei halten, im Winter sind Temperaturen von nachts unter 15 °C, tagsüber etwa von 15 - 20 °C optimal.

Substrat: Nicht zu grob, aber gut durchlässig; etwa 2/3 strukturstabiles Material wie Rinde, Blähton, etc.; maximal 1/3 Wasser

Coelogyne cristata

haltendes Substrat, wobei etwa 1/5 der Gesamtmischung nicht strukturstabiles Sphagnum sein sollte, der Rest etwa Seramis® oder Kokoschips.

Feuchtigkeit: In der Wachstumszeit vom Erscheinen der Blüte bis in den Hochsommer immer frisch bis feucht halten, dann mäßig frisch. Ab der Reife der Pseudobulben (Herbst) bis zum Erscheinen der Blütentriebe recht trocken, die Pseudobulben sollen dabei runzelig werden.

Düngung: In der Wachstumszeit jeden zweiten, sonst jeden dritten Gießgang, in der trockenen Ruhepause gar nicht. Ab Erscheinen der Neutriebe bis Ende des Frühlings bevorzugt stickstoffreich, dann eher phosphor- und kalibetont düngen; halbkonzentrierter Zimmerpflanzendünger oder Orchideendünger.

Umtopfen: So selten wie möglich, Coelogyne liebt Ruhe, etwa alle drei Jahre bei Erscheinen der Neutriebe.

Calanthe - die Schönorchis

Die Gattung Schönorchis *(Calanthe)* ist mit geschätzten 150-250 Arten vorwiegend in Ostasien von den gemäßigten Breiten bis in die Tropen verbreitet. Etwas abseits des Standardsortiments, in gut sortierten Gärtnereien und auf Orchideenausstellungen kann man häufig Arten und Hybriden des Formenkreises um *Calanthe vestita* erwerben. Dabei handelt es sich um Arten, die nicht immergrün sind, sondern im Winter mit nackten Pseudobulben dastehen. Sie benötigen im Sommerhalbjahr Wärme und Feuchtigkeit, sobald das Laub beginnt sich gelblich zu verfärben, werden die Pflanzen trockener und kühl gehalten. Nach der winterlichen Blüte im laublosen Zustand folgt dann eine völlig trockene und noch kühlere, etwa einmonatige Ruhezeit, die auch dunkel und außerhalb des Substrates verbracht werden kann. Sobald die ersten Triebspitzen erscheinen, muss die Pflanze wieder eingetopft werden.

Licht: Viel Licht, aber zu hohe Sonneneinstrahlung vermeiden; Zimmerfenster Richtung Westen oder Osten; Südlagen eher ungünstig, da es sich um eine Halbschattenpflanze handelt.

Temperatur: In der Wachstumszeit nicht unter 20 °C, ab der Reife der Pseudobulben zumindest nachts deutlich unter 20 °C, in der Ruhezeit nach der Blüte gelegentlich Temperaturen bis 5 °C, besser 12-15 °C.

Substrat: Zur Hälfte strukturstabiles Material, zur anderen Hälfte Wasser speicherndes Material (Sphagnum, Weißmoostorf, sogar bis 1/3 Blumenerde).

Feuchtigkeit: In der Wachstumszeit reichlich gießen, nach der Pseudobulbenreife bis zur Blüte eher trocken. Die Pseudobulben dürfen nicht schrumpfen; nach der Blüte völlig trocken halten, bis der Neutrieb sichtbar wird.

Düngung: Starkzehrer; in der Wachstumszeit bei jedem zweiten Gießen Orchideendünger in voller Konzentration geben, ab der Pseudobulbenreife bis zum Beginn des Vergilbens der ersten Blätter - etwa Ende August bis Anfang Oktober - alle drei Wochen mit halbkonzentriertem Blütendünger düngen, danach die Düngung einstellen.

Umtopfen: Jährlich bei Erscheinen der ersten Triebspitzen nach der Ruhezeit.

Coelogyne cristata und *Calanthe* mögen es im Winter kühl.

Calanthe

Phaius – die Riesen

Auffällig aus dem Orchideensortiment hervorstechend sind *Phaius tankervilleae* und seine Hybriden. Kein Wunder, werden die Pflanzen doch bis über einen Meter hoch und sind noch relativ selten in den Gartencentern zu sehen, während die ebenso hohen *Cymbidien* schon ein gewohnter Anblick sind. In der Natur wachsen die Pflanzen in lichten Wäldern, mögen also kein direktes Sonnenlicht. Im Zimmer allerdings schaut das etwas anders aus. Wichtig zu wissen ist auch, dass ihr Feuchtigkeitsbedarf sehr hoch ist. Nur in der mindestens dreiwöchigen winterlichen Ruhezeit, in der die weichen Blätter erhalten bleiben, müssen die Pflanzen relativ trocken stehen, um nachher blühen zu können.

Licht: West- oder Ostfenster, bei Freilandaufenthalt – nur in sehr warmen Gegenden – schattig.

HÄUFIGE FEHLER

Üblicherweise dürfen Orchideen nicht im Wasser stehen. Wie *Phragmipedium* ist auch *Phaius* eine Ausnahme. Bei *Phaius* selbst darf in der Hauptwachstumszeit, von Frühjahr bis in den Hochsommer, Wasser im Untersetzer stehen. Bei den Hybriden mit anderen Gattungen ist das meist nicht anzuraten.

Phaius tankervilleae

Dendrobium ist eine der artenreichsten Orchideengattungen und hält für den Spezialisten noch viele weitere Zimmerorchideen bereit.

Temperatur: Sollte auch nachts und im Winter nicht unter 15 °C stehen; in der Vegetationszeit über 20 °C, im Winter etwas kühler.

Substrat: Sollte einen hohen Sphagnum-Anteil enthalten, auch reines Sphagnum ist möglich.

Feuchtigkeit: Während der Wachstumszeit ab etwa März feucht, nach dem Ausreifen der Pseudobulben mäßig frisch, im Winter mäßig trocken.

Düngung: Im Wachstum bei jedem zweiten Gießen Orchideendünger verabreichen, danach bei jedem dritten, im Winter nicht düngen.

Umtopfen: Alle drei Jahre beim Erscheinen des Austriebes oder nach der Blüte.

Dendrobium – die „Sonnenhungrigen"

Die riesige, artenreiche Gattung *Dendrobium* wächst vorwiegend epiphytisch und kommt vom subtropischen Ost- und Zentralasien bis Australien vor. Botaniker wissen inzwischen, dass die Gattung keine biologische Einheit bildet, und so müssen wir uns auf neue Namen gefasst machen. Dendrobien mögen engen Wurzelraum, also kleine Töpfe. Hochwüchsige Arten benötigen daher eine Stütze. Es gibt zahlreiche Hybridgruppen, doch im Standardsortiment sind nur drei vertreten, die alle ausgesprochen sonnenhungrig sind. Die *Dendrobium-Kingianum*-Gruppe bzw. Gattung *Thelychiton* bildet dichte, halbkugelige Pflanzen mit purpurfarbenen bis weißen, relativ kleinen Blüten von 1-2 cm Durchmesser. Diese erscheinen in endständigen Trauben im Frühjahr. Damit es zur Blüte kommt, müssen die Pflanzen bei 4-15 °C mäßig trocken überwintert werden. Sie ähneln in der Kultur der *Denbdrobium-Nobile*-Gruppe.

Licht: Südfenster, zur Not auch West und Ost, doch werden dann weniger Blüten gebildet. Im Freien vollsonnig, in sehr heißen Gebieten und auf Südbalkonen aus stark aufheizendem Beton oder ähnlichem vor der Mittagssonne schützen; vor dem Hinausstellen die Pflanze erst abhärten.

Temperatur: Im Sommer bei allen Arten und Hybriden des Standardsortiments möglichst warm, im Winter unterschiedlich.

Substrat: Besonders durchlässiges, ausschließlich strukturstabiles Material verwenden, etwa reines nicht zu feines Rindensubstrat. Es können etwas Kokoschips zugesetzt werden, um die Wasserspeicherfähigkeit zu erhöhen.

Feuchtigkeit: In der Wachstumsphase reichlich gießen, wobei der Topf zwischen zwei Gießgängen leichter werden soll. Zum Ausreifen der Pseudobulben wird etwas weniger gegossen. In der winterlichen Trockenzeit können laubabwerfende Arten sehr trocken gehalten werden, immergrüne werden so viel bzw. wenig gegossen, dass die Blätter gerade weder abfallen noch schrumpeln. Kalkfreies Gießwasser (Regenwasser) bevorzugen.

Düngung: In der Wachstumsperiode bei jedem zweiten Gießen in voller Dosierung stickstoffbetont düngen. Geeignet sind etwa Blattpflanzendünger, Blattgemüsedünger oder Tomatendünger. Sobald 2/3 der Höhe der vorjährigen Bulben überschritten sind, wird phosphor- und kalibetont gedüngt. Hierfür verwendet man beispielsweise Dünger für sommergrüne Blütengehölze; in der Ruheperiode nicht düngen.

Umtopfen: Alle zwei Jahre unmittelbar nach Ende der Ruhezeit in einen engen, kleinen Topf.

Dendrobium (Nobile Grp.) Stardust

Dendrobium-Phalaenopsis-Gruppe

Wegen ihrer Phalaenopsis ähnlichen Blüten in endständigen Trauben erhielt eine australische Orchideenart den Namen *D. phalaenopsis.* Sie wurde häufig zu Kreuzungen herangezogen und ist heute somit namensgebend für eine ganze Hybridgruppe. Die Art selbst wird aber heute meist gar nicht mehr anerkannt, sondern zu *D. bigibbum* gestellt. Die Arten und Hybriden dieser Gruppe sind sehr sonnenhungrig und wärmeliebend und benötigen relativ viel Düngung.

Licht: siehe Gattung

Temperatur: Ganzjährig untertags über 20 °C, optimal ab 25 °C, nachts kaum kühler; nur in warmen Gegenden sommers freilandtauglich.

Substrat: siehe Gattung

Feuchtigkeit: siehe Gattung; in der Ruhezeit nicht völlig trocken halten; immergrün.

Düngung: siehe Gattung

Umtopfen: siehe Gattung

Dendrobium (Phalaenopsis Grp.) Sena Red

WICHTIG ZU WISSEN

Für die *D.-Phalaenopsis*-Hybriden ist der Winter eine unwillkommene Durststrecke. Wer besonders üppige und reichblühende Pflanzen möchte, der kann im Winter trotz Ruhezeit acht Stunden pro Tag für eine Zusatzbeleuchtung – Pflanzenlampen, Leuchtstoffröhren mit hohem Rotanteil (Fluora® etc.) oder HQL – sorgen. Generell muss Kunstlicht bei Pflanzen täglich pünktlich um die selbe Zeit ein- und abgeschaltet werden, sonst leiden die Pflanzen und blühen meist nicht.

ALLERHÖCHSTE ZEIT

Wenn es draußen finster und kalt wird, spätestens wenn der erste Schnee fällt, wird es auch für die fürsorglichsten Pflanzenfreunde Zeit, die Pfleglinge der D.-Nobile-Gruppe zu vergessen. Wer in Versuchung geraten könnte, sich doch um die Pflanzen zu kümmern, der stellt sie ins hinterste Eck auf den höchsten Schrank eines kühlen Raumes. Zwei Monate später erinnert uns ein Eintrag im Kalender daran, dass wir wieder fürsorglich sein dürfen. Dann werden die Pflanzen hervorgeholt und wieder „ordentlich" gepflegt.

Dendrobium-Nobile-Gruppe

Die Dendrobium-Nobile-Gruppe wirkt durch ihre dichten Blütenknäuel in allen Blattachseln einer Pseudobulbe recht kompakt. Viele Sorten haben stark kontrastierend gezeichnete Lippen. Seit wenigen Jahren gibt es in der vorwiegend purpurfarben blühenden Gruppe auch gelbe Hybriden ohne kontrastierende Lippe. Pflanzen dieser Gruppe müssen im Winter „leiden", sonst blühen sie nicht – je weniger sie beachtet werden, desto üppiger die Blüte.

Licht: Siehe Gattung; vor allem auch in der Ruhezeit ist volle Sonne nötig.

Temperatur: Tagsüber ab 12 °C aufwärts, nachts bis 5 °C abwärts; im Sommer möglichst tagsüber über 20 °C; in der Ruhezeit auch tagsüber Nachttemperaturen möglich. Zu hohe Temperaturen in der Ruhezeit – über 20 °C tagsüber und über 14 °C nachts – verhindern die Blütenbildung.

Substrat: siehe Gattung

Feuchtigkeit: Siehe Gattung; in der Ruhezeit einige Wochen völlig trocken halten, die Pseudobulben dürfen schrumpfen; mitunter laubabwerfend.

Düngung: siehe Gattung

Umtopfen: siehe Gattung

Dendrobium (Nobile Grp.)

Cattleya & Co.

Der Inbegriff tropischer Orchideen sind wohl die Cattleyen. Mit ihnen begann der Orchideenwahn der adeligen Gesellschaft, als ein gewisser Sir Cattley die sonderbaren, bis dahin nur als Verpackungsmaterial verwendeten Pflanzen in sein Glashaus setzte und zum Blühen brachte. Das war im Jahr 1818. Wohl wurden Orchideen und auch Cattleyen schon zuvor in Botanischen Gärten kultiviert, doch erst mit Cattley entwickelten sich Orchideen zum liebsten Steckenpferd des Adels. Bald wurden eigene „Pflanzenjäger“ bezahlt, die lange Reisen unternahmen und ihren Auftraggebern helfen sollten, andere mit wundersamsten Pflanzen zu übertreffen.

In Zimmerkultur sind viele Cattleyen etwas zickig. Sie wachsen zwar oft gut, blühen aber nicht immer. Dieses Manko wurde durch Züchtung teils behoben, doch sind neben *Cattleya* viele andere Gattungen, vor allem *Brassavola*, *Rhyncholaelia* (bei den Hybridbenennungen unter *Brassavola* geführt), *Sophronitis* im herkömmlichen Sinn, und *Laelia* im weiteren Sinn beteiligt, die alle unterschiedliche Ansprüche haben. Daher ist es sehr schwierig, eine allgemeine Pflegelinie anzugeben. Genauso schwierig ist es die Pflanzen zuzuordnen, da die Hybriden auch im Aussehen nicht immer eindeutig zu identifizieren sind.

Gattungshybriden

Bei Hybriden mit einer Beteiligung von bis zu drei Gattungen benennt man diese durch eine Kombination der Gattungsnamen und kürzt sie durch Einzelbuchstaben je beteiligter Gattung ab. Etwa: BC *(x**B**rasso**c**attleya)*, LC *(x**L**aelio**c**attleya)*, BLC *(x**B**rasso**l**aelio**c**attleya)* oder SLC *(x**S**ophro**l**aelio**c**attleya)*.

Die meisten Arten und Hybriden benötigen eine wenig ausgeprägte winterliche Ruhezeit (wenige Arten eine sommerliche) bei lediglich etwas weniger Wasser. Die Blüten erscheinen üblicherweise entweder vor

Cattleya-Hybride

Cattleya maxima

WICHTIG ZU WISSEN

Die Bezeichnungen „unifoliat“ und „bifoliat“ für Cattleyen mit einem bzw. zwei Laubblättern je Pseudobulbe mögen einen wissenschaftlichen Klang haben, sind es aber nicht. Es handelt sich um eine Einteilung der Orchideenliebhaber, wobei lediglich die unifoliaten Arten möglicherweise auch eine biologische Einheit darstellen.

oder nach der Ruhezeit, bei einigen Hybriden sowohl als auch.

Licht: Fast alle Hybriden von und mit *Cattleya* benötigen viel Licht, im Zimmer ist ein Südfenster geeignet. Sie gedeihen zwar auch an West- und Ostfenstern sehr gut, blühen dort aber kaum. Sogar im Freiland vertragen die meisten nach Abhärtung pralle Sonne. Faustregel: Je dicker die Laubblätter, desto mehr Sonne verlangt die Pflanze.

Ausnahmen sind Hybriden, an denen *Sophronitis* maßgeblich beteiligt ist. *Sophronitis* ist eine Gattung der Hochlagen und verträgt keinen Hitzestau, wie er an Südfenstern auftreten kann. Auch wächst sie an zumindest zur Mittagszeit schlagschattigen Standorten, sodass ein Freilandaufenthalt in prallsonniger Lage ungünstig ist. Hier besteht die Gefahr von Sonnenbrand.

Temperatur: Im Allgemeinen mögen es Cattleyen temperiert bis warm. Faustregel: gelb blühende Pflanzen mögen es wärmer, das ist das Erbe von *C. dowiana*; purpurrosablütige vertragen kühlere Standorte, scharlachrot blühende mögen keine Sonnenhitze, aber dennoch viel Wärme - das Erbe von *Sophronitis*.

Substrat: Am besten ausschließlich strukturstabiles Material verwenden, vorzugsweise ausschließlich Rinde, die evtl. mit Blähton versetzt wird; bei kleinen Pflanzen wie Jungpflanzen, Rückbulben oder „Minicattleyen", empfiehlt sich ein Zusatz von Wasser haltendem Material wie Kokoschips, Seramis® oder maximal 20 % Sphagnum.

Vor der Kultur einer Cattleya schrecken viele Anfänger zurück. Dabei sind sie wüchsig, und viele neue Hybriden auch im Zimmer blühfreudig.

HÄUFIGE FEHLER

Zusätzliches Licht in der Nacht wie Straßenlaternen oder Räume, in denen abends lange das Licht brennt, kann die Blütenbildung bei Kurztagespflanzen verhindern. Das gilt für fast alle Arten und Hybriden, der Blütenansatz erfolgt bei maximal 12 Stunden Licht pro Tag.

Feuchtigkeit: Zwischen den Gießgängen muss der Topf leichter werden, in der Ruhezeit sogar austrocknen; sie benötigen relativ wenig Wasser.

Düngung: Mit Orchideendünger etwa alle 2-3 Wochen; die Pflanzen sind sehr salzempfindlich.

Umtopfen: Etwa alle zwei Jahre beim Erscheinen der Neutriebe gegen Ende der Ruhezeit.

Schlüssel zu den Gruppen

1 Pflanzen groß, Pseudobulben über 10 cm lang **2**

1* Pflanzen klein, Pseudobulben unter 10 cm lang **„Miniaturcattleyen"**

2 Pseudobulben zweiblättrig, Blütenstand mehrblütig **bifoliate Cattleyen und deren Hybriden**

2* Pseudobulben meist einblättrig, Blütenstand meist einblütig bis maximal dreiblütig **unifoliate Cattleyen und deren Hybriden**

Miniaturcattleyen - klein aber oho!

Marktführer sind heute zweifelsfrei die Miniaturcattleyen. Sie entstanden durch die massive Einkreuzung der zwergigen *Sophronitis* in andere, vor allem unifoliate (ein Laubblatt je Pseudobulbe tragende) Cattleyenhybriden. Am wichtigsten ist heute *xPotinara*, eine Mehrgattungshybride, an der mindestens vier Gattungen beteiligt sind. Die dunkelorangefarbenen bis scharlachroten Blüten der Gattung Sophronitis und die Verwendung von gelber *C. dowiana*, orangefarbener *Guarianthe aurantiaca* und bunter *Hoffmannseggella* sowie Anteile kräftig purpurvioletter *Cattleya* führte zu besonders leuchtenden Farben dieser Hybriden. Dabei blieben allerdings die kompakte, kräftige Blütenform der einblättrigen Cattleyen und oft auch die Mehrblütigkeit

Sophronitis ist die wichtigste Elterngattung der „Miniaturcattleyen".

Einblättrige Cattleyen

Es sind besonders die einblättrigen Cattleyen, die unser Orchideenbild am stärksten geprägt haben. Durch Einkreuzung von *Rhyncholaelia digbyana* entstanden kompakte, aber große Typen mit besonders schöner Lippe, die typischen Brassocattleyen. Großblütige *Hadrolaelia* erweiterten das Farbspektrum der Hybriden.

Licht: Viel Licht, ideal ist ein Südfenster; im Freiland nach Abhärtung ebenfalls sonnenhungrig; genügend Licht zur Auslösung der Blüte ist wichtig, daher ist Freilandaufenthalt im Sommer dringend anzuraten.

WICHTIG ZU WISSEN

1824 benannte der Botaniker John Lindley die Art nach ihrem „Entdecker" *Cattleya labiata*.

Bis sie und andere Arten der Gattung erstmals erfolgreich über längere Zeit kultiviert werden konnten, verging noch ein halbes Jahrhundert.

der zweiblättrigen Cattleyen und Laelien als genetisches Erbe erhalten. Die Vorliebe für warme Kultur ohne kühle Ruhephase kommt der Zimmerkultur entgegen. Einziger Nachteil dieser Hybriden: Der Blütenduft der Cattleyen wurde nicht mitvererbt.

Licht: Viel Licht, Südfenster; bei Hitzestaugefahr sonniger, aber mittags beschatteter Fensterplatz in West- oder Ostlage vorzuziehen; geklappte Fenster sorgen für Abkühlung und die Möglichkeit einer Kultur am Südfenster mit reicherer Blüte.

Temperatur: Sie mögen es warm: Temperaturen am liebsten ganzjährig bei 20 - 26 °C.

Substrat: 60 - 80 % strukturstabiles Material, vorzugsweise Rinde, evtl. mit Blähton etc. versetzt; 20 - 40 % Wasser haltendes Material wie Kokoschips und/oder Seramis® oder maximal 20 % Sphagnum.

Feuchtigkeit: Siehe Gattung; wenig ausgeprägte Ruhezeit.

Düngung: siehe Gattung

Umtopfen: siehe Gattung

Die „barocken" Rüschen dieser BC gehen auf *Rhyncholaelia digbyana* zurück.

Temperatur: Ganzjährig tagsüber 18-28 °C, nachts bis 8 °C kühler, aber nicht unter 12 °C. Gelbblühende Hybriden mögen es wärmer, Tagestemperaturen ab 20 °C und Nachttemperaturen um 17 °C.
Substrat: siehe Gattung, vorzugsweise Rinde
Feuchtigkeit: siehe Gattung; in der Ruhezeit dürfen Pseudobulben mancher Arten leicht schrumpfen.
Düngung: siehe Gattung
Umtopfen: siehe Gattung

Zweiblättrige Cattleyen

Im Handel sehr selten erhältlich sind Hybriden zweiblättriger Cattleyen. Meist erhält man die *Cattleya-Guarianthe*-Hybriden *C. Porcia* und *C. Portia*, beide im Aussehen wie im Namen sehr ähnlich. Auch Hybriden mit Einkreuzung von *Laelia* und *Brassavola* sind erhältlich, wobei interessanterweise Einkreuzungen der weißen Brassavolen oft gefleckte oder gestreifte Blüten ergeben.
Licht: Viel Licht, Südfenster; im Freiland bei den meisten Typen direkte Mittagssonne meiden.

Cattleya Portia

Temperatur: Ganzjährig tagsüber 18-28 °C, nachts 5-10 °C kühler, da sonst keine Blütenbildung erfolgt. Ein Freilandaufenthalt im Sommer ist daher wichtig, aber nicht unter 12 °C.
Substrat: siehe Gattung, vorzugsweise Rinde
Feuchtigkeit: Siehe Gattung; in der Ruhezeit dürfen Pseudobulben nicht schrumpfen.
Düngung: siehe Gattung
Umtopfen: siehe Gattung

Phalaenopsis – Malayenblume oder Nachtfalterorchidee

Die modernen *Phalaenopsis*-Hybriden, im Handel fälschlich Falterorchideen genannt, sind sehr robust. Sie kommen mit wenig Licht zurecht, vertragen aber entgegen der landläufigen Meinung auch volle Sonne, wenn sie hinter Glas stehen.
Sie lieben es warm und sind somit für moderne überheizte Wohnungen ohne Nachtabsenkung der Temperatur bestens geeignet. Gießmuffel werden an diesen Sukkulenten ihre Freude haben.
Ist die Pflanze verblüht, so sollte man den Blütenstand keineswegs abschneiden. Die meisten gängigen Sorten können nämlich mehrere Jahre an einem Blütenstand blühen. Zusätzlich werden neue Blütenstände gebildet. Alte Pflanzen können so zu Dauerblühern werden, die oft das ganze Jahr hindurch blühen.

WICHTIG ZU WISSEN

Bei den Malayenblumen erscheinen in den Blütenständen mitunter Jungpflanzen (Kindeln, Keiki).
Diese sollten mindestens je drei Blätter und drei Wurzeln haben, ehe man sie abtrennt und neu pflanzt.

IMMER MIT DER RUHE

Blütentriebe von Phalaenopsis können mehrere Jahre hindurch immer wieder Blüten treiben. Dennoch kann es sinnvoll sein sie abzuschneiden. Nämlich dann, wenn die Pflanze schwach ist. Blütentriebe benötigen viel Energie, die die Blätter erst erzeugen müssen. Schneidet man die Blütentriebe ab, stärkt man die Blattrosette.

Phalaenopsis

Phalaenopsis erträgt kein Gieß- oder Sprühwasser zwischen den Blättern - es führt rasch zu Fäulnis.

Licht: Alle Himmelsrichtungen, direkt am Fenster auch im Norden, aber nur am geschlossenen Südfenster, da sie UV-empfindlich sind.

Temperatur: Ab 20 °C, kurzzeitig niedrigere Temperaturen werden toleriert; nicht ins Freiland stellen.

Substrat: Grobes Substrat ist ideal, vorwiegend Rinde.

Feuchtigkeit: Hält Trockenheit relativ gut aus, Substrat zwischen den Gießgängen jedenfalls gut antrocknen lassen, sonst besteht Fäulnisgefahr.

Düngung: Orchideendünger im Sommerhalbjahr maximal bei jedem zweiten Gießgang, im Winterhalbjahr bei jedem dritten.

Umtopfen: Spätestens sobald neue Wurzeln nicht mehr ins Substrat wachsen sondern an der Oberfläche um den Topf herum, sollte umgesetzt werden. Besser regelmäßig alle zwei Jahre im Frühjahr oder Sommer, möglichst dann, wenn die Pflanze nicht blüht.

WICHTIG ZU WISSEN

Ausgangspunkt der Züchtung im 19. Jahrhundert war die Lieblich-Malaienblume *(Ph. amabilis)*, deren reinweiße Blüten für Brautsträuße der feinen Gesellschaft beliebt waren.

Auch die purpurrosa Schiller-Malayenblume *(Ph. schilleriana)* wurde von Anfang an zur Hybridzüchtung herangezogen.

Andere Arten folgten erst später, und so ist es nicht verwunderlich, dass weiße bis rosa Töne nach wie vor das Sortiment dominieren, auch wenn sie nicht mehr fast ausschließlich im Standardsortiment vorhanden sind, wie noch Anfang der 90er-Jahre.

Phalaenopsis (Doritaenopsis)

Vandas

Obwohl mit dem Marktführer *Phalaenopsis* eng verwandt, haben *Vanda* & Co. doch ganz andere Ansprüche.

Vanda und ihre Hybriden

Vandeen sind faszinierende Orchideen. Zum einen sind es die bei Orchideen extrem seltenen blauen *(von Vanda caerulea)*, roten *(von Vanda sanderiana)* und kräftig orangefarbenen *(von Ascocenrum miniatum* agg.) Blütenfarben, die ins Auge stechen. Aber auch die Blütengröße vieler Hybriden ist auffällig. Der Umstand, dass die Pflanzen meist ohne Substrat angeboten werden fasziniert ebenfalls.

Leider sind Vandeen in Kultur oft blühfaul, vor allem dann, wenn man sich an die Pflegeanweisung auf den Etiketten hält - denn eine Kultur ohne direktes Sonnenlicht führt selten zu neuen Blüten. Auch mögen Vandeen keine trockene Luft, was in vielen Wohnungen problematisch ist.

Licht: Benötigen zum Blühen unbedingt volle Sonne, im Zimmer gibt es keine Alternative zum Südfenster. Bei einem Freilandaufenthalt im Sommer ist eine Beschattung in den Mittagsstunden möglich bzw. bei manchen Arten/Grexen sogar ratsam.

Temperatur: Fast alle mögen es warm, möglichst immer über 20 °C. Blau blühende Arten halten im Winter sehr niedrige Nachttemperaturen aus, sogar bis nahe dem Gefrierpunkt. Blaue Hybriden sind ebenfalls toleranter gegenüber niedrigeren Temperaturen.

Ein Freilandaufenthalt in den wärmsten Monaten ist wegen der Sonnenhungrigkeit auch für die wärmeliebenden Arten und Hybriden beinahe eine Notwendigkeit.

Substrat: Kultur am besten ohne Substrat und frei hängend im Glas oder im leeren Tontopf; bei einer Substratkultur nur sehr grobes Substrat verwenden.

Feuchtigkeit: Bei substratfreier Kultur täglich etwa 5 min in Wasser eintauchen; bei Substratkultur das Substrat etwas antrocknen lassen; die Wurzeln dürfen nie länger als wenige Minuten im Wasser stehen (Glaskultur)!

Weiße Wurzeln zeigen ausreichende Feuchtigkeit - wenn sie sich grau verfärben, muss sofort gewässert werden.

Düngung: Zum Tauchen vorzugsweise Aquarienwasser verwenden; sonst bei jedem dritten Gieß-/Tauchgang Orchideendünger nach Vorschrift verabreichen.

Umtopfen: Bei Substratkultur zumindest alle zwei Jahre - die Pflanzen sind extrem verdichtungsempfindlich!

Cymbidium – Blüten für die Vase

Cymbidium galt ursprünglich als zu unhandlich für Wohnungen. Wegen der langen Haltbarkeit der teils riesigen Blüten wurden sie daher als Schnittblumen in Gewächshäusern gezogen. Erst die Einkreuzung einiger epiphytischer, kleinwüchsiger und -blütiger Arten führte zur zimmertauglichen, handlichen Miniatur-*Cymbidium*. Wobei „Miniatur" relativ ist. Die Pflanzen sind noch immer größer als die meisten anderen handelsüblichen Topforchideen. Die Blütentrauben der Hybriden wachsen immer starr aufrecht. Das hängt nicht (nur) mit den zur Zucht verwendeten Ausgangsarten zusammen, sondern vorwiegend mit dem ursprünglichen Zuchtziel in Richtung Schnittblume.

Erst in den letzten Jahren gibt es einen Trend in Richtung bogiger Blütenstände. Lange hatte man gebraucht um zu dem Schluss zu gelangen, dass für Topfpflanzen andere Schönheitskriterien gelten als für Schnittblumen. Ein anderer Trend ist der zu größeren Topfpflanzen-Sorten, da Großpflanzen dank wachsender Wohnfläche durchaus im Trend liegen.

Ein Problem aber ist geblieben: Auch die Mehrzahl der modernen Hybriden benötigt eine Kühlphase als Blühauslöser.

Zweitens sind die Preise nicht im gleichen Ausmaß gefallen wie bei anderen Orchideengattungen. Konnte man bei *Phalaenopsis* etwa die Kulturdauer bis zum Verkauf drastisch senken, war das bei *Cymbidium* nicht möglich.

Bei billigen Pflanzen handelt es sich daher meist um Teile ausrangierter Pflanzen aus der Schnittblumenproduktion.

Licht: Die Pflanzen benötigen viel Licht – im Zimmer am besten ein gekipptes Südfenster, um einen Hitzestau zu vermeiden, alternativ auch West oder Ost und nur im Winterhalbjahr am Südfenster. Im Freiland ist im Frühling/Sommer ein absonniger, zumindest vor der Mittagssonne geschützter Standort nötig. Ab Anfang September prallsonnig, damit die Pseudobulben ausreifen können.

Temperatur: In der Wachstumsphase temperiert, bevorzugt bei etwa 16 - 25 °C; Hitzestau vermeiden, Nachtabsenkung erwünscht. Voraussetzung für die Blütenbildung ist, dass die Pflanzen zumindest im Winter über mindestens sechs Wochen nachts unter 15 °C gehalten werden – ausgenommen sind lediglich einige wenige neue Hybriden mit überhängenden Blütenständen und breiteren Blättern, die ganzjährig Wärme vertragen.

Modernes *Cymbidium* mit überhängenden Blütenständen.

Substrat: Gut durchlässig, aber relativ fein, etwa feine Rinde mit etwas Sphagnum, aber auch reine Steinwolle. Zusatz von etwas Kalkgrus oder ähnlichem bei kalkfreiem bzw. saurem Gießwasser, evtl. Pferdemist als Langzeitdünger beimischen. Diesen aber nicht in die oberste Substratschicht mischen, er darf nur die Wurzeln erreichen, nicht die Pseudobulben.

Feuchtigkeit: In der Wachstumszeit ausgiebig gießen, sonst zwischen den Gießgängen so lange antrocknen lassen, bis der Topf leichter wird. Frühjahrsblüher oder nicht blühende Pflanzen in der Ruhezeit relativ trocken halten. Herbst-/Winterblüher ab Erscheinen des Blütentriebes nicht austrocknen lassen.

Düngung: Alle zwei Wochen Blumendünger oder organischen Dünger geben, alternativ ab dem Austrieb drei Monate stickstoffbetont düngen, danach phosphor- und kalibetont. In der Ruhezeit nicht düngen, auch wenn die Pflanze dann blüht (Herbst-/Winterblüher).

Umtopfen: Nur wenn nötig vor/mit dem Austrieb neuer Triebe; sie benötigen Ruhe.

Oncidiinae - die Vielseitigen

Der Tribus Oncidiinae beinhaltet Gattungen wie *Oncidium, Odontoglossum, Miltoniopsis* und andere. Heute werden meist Hybriden dieser und anderer Gattungen angeboten, die unter dem Handelsnamen „Cambria" verkauft werden. Das ist kein legitimer botanischer Name, sondern er geht vielmehr auf die erste günstige kommerzielle Hybride der Oncidiinae zurück, ×*Vuystaekarea* Cambria 'Plush'.

Arten dieser Verwandtschaft findet man in unterschiedlichsten Lebensräumen - von dauerfeuchten Tropen bis in nebelige Bergwälder und Klimazonen mit Trockenzeiten. Dort werden sehr schattige bis teilweise sonnige Lebensräume besiedelt. Die Pflege nicht zuzuordnender Hybriden verlangt daher etwas Fingerspitzengefühl. Der überwiegende Teil stammt allerdings von Arten kühler bis temperierter Lebensräume ab und verträgt keine hohen Temperaturen. Da es auch im Aussehen alle Übergänge gibt, entfällt hier ein Schlüssel. Lediglich ein paar Extremtypen sollen vorgestellt werden. Durch die Kreuzung von Arten, die zu unterschiedlichen Zeiten blühen und die unterschiedliche Vegetationszyklen haben, können manche Hybriden zweimal jährlich, zu Beginn und am Ende der Vegetationsperiode, blühen, andere dagegen ohne Ruhezeit etwa alle acht Monate.

Viele Oncidiinae, vor allem aber *Miltoniopsis*, zeigen Pflegefehler durch die Bildung sogenannter Ziehharmonikablätter an. Diese sind bleibend und dürfen nicht entfernt werden. Eine Verbesserung der Pflege ist dennoch nötig, da die Pflanzen sonst absterben. Neutriebe müssen „ziehharmonikafrei" sein.

Oncidium Sweet Sugar

Licht: Teils lichthungrig, teils Schatten ertragend; West- und Ostfenster sind anzuraten, Südfenster nur in kühleren Gegenden bei gekipptem Fenster, ein Nordfenster ist meist auch ausreichend; im Freiland immer an einen schattigen Platz stellen.

Temperatur: Kühle Arten optimal ganzjährig bei 15-22 °C, temperierte Arten und die meisten Hybriden tagsüber bei 18 - 25 °C; eine deutliche Nachtabsenkung ist wünschenswert; sommerliche Hitze erweist sich mitunter als problematisch, besonders bei fehlender Nachtabsenkung.

Substrat: Unterschiedlich: von reinen Rindensubstraten bis zu Wasser haltenden Mischungen ist alles möglich; Hybriden kommen gut mit handelsüblichen Mischungen zurecht.

Feuchtigkeit: Die Wurzeln dürfen auf keinen Fall austrocknen, sollen aber bei den meisten Arten zwischen den Gießgängen etwas antrocknen.

Düngung: Orchideendünger; im Wachstum bei jedem zweiten, sonst bei jedem dritten Gießgang.

Umtopfen: Umgetopft wird etwa alle zwei Jahre vor dem Austrieb.

Odontoglossum

„Cambria" – die Großblütigen

Großblütige Gattungshybriden von *Odontoglossum* werden unter der Handelsbezeichnung Cambria geführt, die auf ×*Vuylstekeara* Cambria zurückgeht.

In der Pflege gleich sind auch Arten und Hybriden der Gattung *Odontoglossum* im engeren Sinn.

Licht: Lichthungrig; West- oder Ostfenster oder kühle (gekippte) Südfenster. Im Freiland Nord, vor Sonne schützen.

Temperatur: Kühl bis temperiert; deutliche Nachtabsenkung (um 10 °C!) bei vielen Sorten notwendig, daher ist ein Freilandaufenthalt im Sommer wichtig.

Substrat: Feine Rinde mit etwa 30 % Wasser haltendem Material wie Sphagnum, Seramis® oder Kokoschips.

WICHTIG ZU WISSEN

×*Vuylstekeara* Cambria 'Plush' ist eine Kreuzung aus den Gattungen *Odontoglossum, Miltoniopsis* und *Cochloida*. Die Kreuzung wurde 1931 ausgesät und blühte 1933 erstmalig. Die Klonsorte 'Plush' erhielt die höchste Auszeichnung für Orchideenzüchtungen und war ursprünglich zu hohen Preisen erhältlich.

Als eine der ersten Orchideensorten war sie durch Gewebekultur einfach zu vermehren und wurde durch kurze Kulturdauer in den 80er-Jahren zusammen mit Phalaenopsis eine der ersten Billigorchideen. Was sie für die Zimmerkultur besonders auszeichnet ist der Umstand, dass sie auch bei fehlender Nachtabsenkung der Temperatur gut blüht.

Stiefmütterchenorchidee

Stiefmütterchenorchidee (*Miltoniopsis*, syn. *Miltonia*)

Unter dem Handelsnamen Miltonia werden Hybriden innerhalb der Gattung *Miltoniopsis* gehandelt. Doch nur selten sind in die großblütigen Hybriden tatsächlich *Miltonia*-Arten eingekreuzt. Misserfolge bei den Stiefmütterchenorchideen sind oft auf zu warme oder auf tagsüber zu kühle Temperaturen zurückzuführen.

Licht: West- oder Ostfenster bzw. Nord im Sommer und Süd im Winter. Im Freiland vor Sonne schützen.

Temperatur: Temperiert; deutliche Nachtabsenkung erforderlich; Freilandaufenthalt im Sommer wünschenswert, liegt die Freilandtemperatur über Zimmertemperatur, die Pflanze besser hereinholen.

Substrat: Soll Feuchtigkeit halten können, etwa Rinde mit ca. 50 % Kokoschips oder 30 % Sphagnum untermischen.

Oncidium – die Unscheinbaren

Typische Oncidien haben relativ kleine gelbe, meist braun gemusterte Blüten. Oft sind die Internodien zwischen den einzelnen Pseudobulben relativ lang, was die Pflanzen unhandlich macht. Daher sind Hybriden mit gestauchter Sprossachse zwischen den Pseudobulben im Handel.

Licht: Süd bis West und Ost; Nordfenster sind ungeeignet; im Freiland an einen schattigen Platz stellen.

Temperatur: Warm bei 18 - 30 °C mit geringer Nachtabsenkung; Freilandaufenthalt im Sommer ist möglich.

Substrat: Feinkörnig, aber rasch abtrocknend; Rinde, Blähton etc.

Oncidium Twinkle

Oncidium-Ornithorrhynchum-Gruppe

Sehr kleinblütig aber duftend sind die Arten und Hybriden der Gruppe um *Oncidium ornithorrhynchum*. Meist ist *Oncidium* Twinkle in blassgelb oder rosa im Handel.

Licht: Nord bis West und Ost, aber keine zu lange direkte Sonneneinstrahlung.

Temperatur: Ganzjährig kühl bei 15 - 22 °C tagsüber mit mäßiger bis starker Nachtabsenkung um ca. 5 - 10 °C.

Substrat: Trotz feiner Wurzeln mittlere Körnung, rasch abtrocknend: Rinde, Blähton etc.

Feuchtigkeit: Töpfe sollen zwischen Gießgängen leichter werden, außer in der Wachstumszeit.

Häufig gestellte Fragen

Sind Orchideen nicht zu heikel für die Zimmerkultur?

Orchideen sind nicht per se heikel. Eine aus Zentralasien stammende Art ist in Nordamerika sogar ein gefürchtetes Rasenunkraut.
Da man früher glaubte, tropische Orchideen benötigen feucht-warme Bedingungen, starb ein großer Teil der für Kulturzwecke importierten Pflanzen ab. Verabschiedet man sich von diesem Gedanken an heiße Nässe, so kann man viele Arten recht einfach ziehen. Manche erinnern in der Kultur mehr an Kakteen. Moderne Hybriden vereinigen oft das Erbgut von Pflanzen mit sehr unterschiedlichen Vorlieben und sind somit noch einfacher zu pflegen. Manche sind sogar einfacher zur Blüte zu bringen als einige typische Zimmerblumen aus Großmutters Zeiten, etwa Kamelien, Gardenien oder Brunfelsien.

Sind Orchideen Schmarotzer?

Nein, aber Orchideen benötigen einen Pilzpartner zur Keimung. Viele Orchideen gehen eine lebenslange Partnerschaft (Symbiose) ein, die es ihnen ermöglicht, die ungewöhnlichsten Lebensräume, etwa Baumkronen, zu bewohnen. Die Orchideen „fangen" dort Abfälle wie etwa abfallendes Laub etc. ein. Der Pilzpartner baut den Komposthaufen im Wurzelwerk langsam ab, ernährt sich davon, und die Orchidee ernährt sich wiederum von den Pilzabfällen. Der Baum auf dem eine Orchidee als Aufsitzer (Epiphyt) wächst, bleibt unbehelligt.

Wie oft muss ich Orchideen besprühen?

Orchideen lieben nicht zu niedrige Luftfeuchtigkeitswerte, wie sie auch für Menschen gesund sind. Sie lieben es aber nicht, andauernd besprüht zu werden. Restwasser kann zu Fäulnisherden oder bei Sonne zu Verbrennungen führen. Kalkflecken entstehen bei kalkhaltigem Sprühwasser. Abgesehen davon bringt Besprühen nur eine kurzzeitige Feuchtigkeitserhöhung. Erhöhen Sie die Luftfeuchtigkeit in Ihrer Wohnung mittels Luftbefeuchtern, Aquarien oder Zimmerbrunnen auf mindestens 50 %.

Stimmt es, dass man Orchideen nicht düngen darf?

Wie alle Pflanzen brauchen auch Orchideen Nährstoffe. Sie sind allerdings sehr empfindlich gegen Überdüngung, wie sie bei unvorsichtiger Dosierung häufig passiert. Für viele Orchideen gilt: besser zu wenig als zu viel. Trotzdem: Völlige Vernachlässigung der Düngung führt zu Kümmerwuchs und fehlender Blütenbildung.

Müssen Orchideen in durchsichtigen Töpfen oder aufgebunden gezogen werden?

Nein. Sämtliche Standardorchideen, ausgenommen Vanda und ihre Hybriden, wachsen in allen Töpfen. Aufgebundene Kultur ist einerseits in Innenräumen und andererseits für Einsteiger nicht zu empfehlen. Durchsichtige Töpfe sind nur dann sinnvoll, wenn sie das Licht auch erreichen kann. Sie erlauben aber, Wurzelschäden und Substratverdichtung rasch zu erkennen.

Stimmt es, dass man bei Orchideen verblühte Triebe nicht abschneiden darf?

Bei Orchideen wird üblicherweise Verblühtes genauso abgeschnitten wie bei anderen Pflanzen. Einige Gattungen allerdings – im Standardsortiment betrifft das Phalaenopsis – blühen aus alten Blütenständen immer wieder. Wenn die Pflanze stark genug ist, kann man die abgeblühten Blütenstände belassen, bis sie von selbst vertrocknen. Viele Phalaenopsis-Liebhaber schneiden überaltete Blütentriebe aber dennoch ab, da sie oft unschön wirken und neue Blütentriebe schwächer ausfallen als ohne Konkurrenz.

Adressen und Bezugsquellen

Adressen

Österreichische Orchideengesellschaft
www.orchideen.at

Wiener Orchideengesellschaft
www.orchideen-wien.at

Deutsche Orchideengesellschaft
www.orchidee.de

Schweizerische Orchideen-Gesellschaft
Postfach, 5000 Aarau
www.orchideen.ch

Literatur

OrchideenZauber:
Zeitschrift für Orchideenfreunde.
Bühlfelderweg 10,
D-94239 Ruhmannsfelden
E-Mail :kontakt@orchideenzauber.eu
www.orchideenzauber.eu

Register

Die neue Ratgeber-Reihe auf einen Blick

- Kompetente Praxisinformationen von Experten
- Attraktives Layout
- Exzellentes Preis-Leistungs-Verhältnis
- Kurze Texte, leicht verständlich erklärt

Das erste Buch zum Thema „Klimawandel im Garten"!

ISBN 978-3-7040-2355-1
€ 19,90

ISBN 978-3-7040-2359-9
€ 10,95

ISBN 978-3-7040-2358-2
€ 10,95

ISBN 978-3-7040-2361-2
€ 10,95

ISBN 978-3-7040-2360-5
€ 10,95

ISBN 978-3-7040-2324-7
€ 10,95

ISBN 978-3-7040-2322-3
€ 10,95

ISBN 978-3-7040-2326-1
€ 10,95

ISBN 978-3-7040-2325-4
€ 10,95

ISBN 978-3-7040-2323-0
€ 10,95

ISBN 978-3-7040-2327-8
€ 10,95

av BUCH
www.avbuch.at